C.H.BECK ✛ WISSEN
in der Beck'schen Reihe

Dem Dichter Homer verdankt die abendländische Kultur eine strahlende Morgenröte. Seine Epen *Ilias* und *Odyssee* erscheinen in ihrer schieren Größe, aber auch in ihrer literarischen Schönheit und Reife so eindrucksvoll, daß sie auch heute noch – mehr als zweieinhalbtausend Jahre nach ihrer Entstehung – stets aufs neue Staunen und Bewunderung hervorrufen. Staunen und Bewunderung stehen am Anfang allen Forschens, und so ist es nicht verwunderlich, daß der Dichter und seine Verse von der Antike bis heute zu einer Quelle der Inspiration für Wissenschaftler, Künstler, aber auch einfach für Hörer und Leser geworden sind, die sich mit Homer und seinen Werken auseinandersetzen. Das vorliegende kleine Buch bietet in der Art einer Einführung einen Überblick über die Fülle der Fragen, die sich im Zusammenhang mit dem Leben Homers, dem Inhalt und der Struktur seiner Schöpfungen stellen, ordnet sie und gibt – soweit möglich – wissenschaftlich fundierte Antworten. Ziel des Bandes ist es, zu weiterer Lektüre von *Ilias* und *Odyssee* anzuregen und durch ein besseres Verständnis der Hintergründe der homerischen Welt die Freude an diesen frühen Meisterwerken der Literatur noch zu vergrößern.

Barbara Patzek lehrt als Privatdozentin Alte Geschichte an der Universität Essen. Ihre besonderen Forschungsinteressen gelten Homer, der mündlichen und schriftlichen Literaturkultur sowie der Geschichte des Orients und Griechenlands in der Antike.

Barbara Patzek

HOMER
UND SEINE ZEIT

Verlag C. H. Beck

Mit 9 Abbildungen

Originalausgabe
© Verlag C. H. Beck oHG, München 2003
Gesamtherstellung: Druckerei C. H. Beck, Nördlingen
Umschlagabbildung: Homer-Büste, Glyptothek München.
Photo: Stefan von der Lahr.
Umschlagentwurf: Uwe Göbel, München
Printed in Germany
ISBN 3 406 48002 0

www.beck.de

Inhalt

I. Vorwort

Heute sind die homerischen Epen den wenigsten noch inhaltlich präsent. Einige oft zitierte Geschichten oder deren sprichwörtliche Bedeutung wie etwa die Reise zwischen Skylla und Charybdis mögen dem einen oder anderen noch etwas sagen, die meisten aber verbinden Homer mit Troia und der Frage, ob es wirklich einen troianischen Krieg gegeben hat und ob sich das archäologisch beweisen läßt.

Dieses Buch will sich nicht in die Fragen nach dem Für und Wider der aktuellen Diskussion einbringen, sondern den dadurch abgelenkten Blick wieder zurück auf die alte Dichtung führen. Eine dichte Inhaltsangabe soll den Stoff der beiden homerischen Erzählungen wieder in das Bewußtsein zurückholen und das Urteilsvermögen in dem Punkt stärken, wovon die homerischen Epen handeln und in welchen kulturgeschichtlichen Horizont sie gehören. In voller Kenntnis des Inhalts der homerischen *Ilias* stellt sich die Frage, ob hier wirklich eine alte Kriegsgeschichte vorliegt oder nicht doch eine mythologische Erzählung, die sich typologisch in das Umfeld einer mythischen Welterklärung einordnen läßt. Vergleichbare Welterklärungen finden sich in der zeitgenössischen altorientalischen schriftlichen Tradition als umfangreiche Darstellungen des Wissens um die Schöpfung, um Götter und Helden und die Anfänge der menschlichen Kultur.

Im Zentrum dieses Bandes steht die Interpretation des Textes. Die homerischen Epen sollen unter verschiedenen Gesichtspunkten vor ihrem historischen Hintergrund – dem frühen 7. Jahrhundert v. Chr. – gedeutet werden. Systematisch erarbeitet werden dabei freilich weder der ganze historische Hintergrund der griechischen Frühzeit noch die Troia-Frage oder die homerische Archäologie. Über diese Fragen können sich die Leserinnen und Leser dieses Bändchens mit Hilfe der in dieser

Reihe bereits erschienenen Bände von Karl-Wilhelm Welwei, *Die griechische Frühzeit. 2000 bis 500 v. Chr.* (2002), Dieter Hertel, *Troia. Archäologie, Geschichte, Mythos* (²2002) und Justus Cobet, *Heinrich Schliemann. Archäologe und Abenteurer* (1997), informieren.

Die deutschen Homerzitate sind mit geringen Abweichungen den Übersetzungen der *Ilias* und der *Odyssee* von Wolfgang Schadewaldt entnommen. Die im Text angegebenen weiterführenden Zitatstellen sind denjenigen Lesern und Leserinnen zur Lektüre empfohlen, die sich darüber hinaus im Homer-Text noch weiter informieren wollen. Dies ist schon allein deshalb zu empfehlen, um eines der bedeutendsten und originellsten Werke der Weltliteratur kennenzulernen. Dem Lektor, Herrn Dr. Stefan von der Lahr, danke ich für sein außerordentliches Interesse an diesem Buch und seine Bemühungen, dem Text eine allgemeinverständliche Form zu geben.

Barbara Patzek

2. Die homerischen Epen

Unter den homerischen Epen verstand man in der frühen griechischen Antike Erzählungen von Göttern und Helden der Vorzeit im Kampf um die Festungen Troia und Theben, aber auch Göttergeschichten in Zusammenhang mit der Erschaffung der Welt, der Menschen und der menschlichen Kultur. Diese Erzählungen umfassen die beiden vollständig überlieferten Epen *Ilias* und *Odyssee* sowie heute nur noch in Fragmenten erhaltene Sammlungen von Sagen um die Welt-, Götter- und Heldengeschichte vor Theben und Troia, die als *kyklische Epen* oder als *thebanischer* und *troischer Sagenkreis* bezeichnet werden. Erst in klassischer Zeit, im kulturellen Rahmen des demokratischen Athen, werden *Ilias* und *Odyssee* als Werke des Dichters Homer herausgesondert. Über diesen Dichter weiß man jedoch fast nichts. Allein der Blick auf die beiden ihm zugeschriebenen Werke ermöglicht, ihn und seine Zeitgenossen kennenzulernen.

2.1 Die *Ilias*

Die *Ilias*, das ältere Epos, handelt von einem ungeheuren und folgenreichen Groll: Achill, der beste unter den Helden der Achäer vor Troia (das ist die griechische Kriegspartei), ist von dem gemeinsamen Heerführer, Agamemnon, so tief in seiner Ehre verletzt worden, daß er sich weigert, weiterhin am Kampf um die befestigte Stadt teilzunehmen. Erst wenn Agamemnon erkennt, daß er ohne ihn, Achill, gegen die Troer nicht siegen kann, will er seinen Groll aufgeben. Zeus der Göttervater – der olympische Gott mit der höchsten Gewalt – unterstützt Achills Plan. Er wurde von Achills Mutter Thetis, der er einst seine Rettung vor den rebellierenden Göttern verdankte, in die Pflicht genommen (1. Gesang).

Wie wir im weiteren Verlauf der Erzählung erfahren, handelt es sich bei diesem Geschehen nicht um eine von vielen Episoden aus dem Krieg um Troia, sondern um *das* entscheidende Ereignis vor dem Fall der Stadt. Nach dem Mythos (der verbindlichen Erzähltradition) fällt die Stadt nach zehnjährigem Krieg. An der Stelle, da die *Ilias* einsetzt, befinden wir uns in diesem zehnten Kriegsjahr. Die Stadt wird erobert werden, nachdem ihr Beschützer, Hektor, der Sohn des Königs Priamos von Troia, durch Achill fällt und dieser wiederum von dem troischen Königssohn und Kriegsverursacher Paris und dem Gott Apollon getötet werden wird. Diese Ereignisfolge wird durch den Groll Achills ausgelöst. Der ungeheure Zorn und die Verweigerung Achills, am Kampf teilzunehmen, führt zur äußersten Bedrängnis der Achäer. Nur der Gefährte und enge Vertraute des Helden, Patroklos, kann die Troer stellvertretend für diesen und in dessen Rüstung gekleidet zurückdrängen. Patroklos aber wird übermütig und fällt durch Hektor. Der Verlust treibt den Verweigerer auf das Schlachtfeld zurück. Er muß Rache üben. Damit ist der vorgezeichnete Weg des Mythos zu Hektors und Achills Tod sowie zur Eroberung der Stadt wieder frei. Hektors Tod ist das Ziel der Iliashandlung. Achills Tod und Troias Einnahme folgen unmittelbar darauf, werden aber in der *Ilias* nicht mehr erzählt.

Der Verlauf der Handlung vollzieht sich nicht zielstrebig, sondern ist von dem Gedanken an ein *Beinahe-wäre-es-anders-gekommen* geprägt: Achills Austritt aus dem Kampf stellt den Ausgang des Krieges, den der Mythos überliefert, in Frage. Die Helden vor und in Troia planen so manches – Friedensverhandlungen und Angriffsstrategien –, um den Krieg zu beenden und Troia vor dem Fall zu bewahren, denn eigentlich wollen beide Parteien einen Ausgleich, um den schrecklichen Folgen des Krieges zu entgehen. Aber es kommt selten so, wie die Helden es wollen, denn der Mythos entfaltet sich in seiner von einem übergeordneten Schicksal vorgeschriebenen Form entgegen ihrem Planen und Hoffen. Das liegt an den olympischen Göttern und Göttinnen, deren Aufgabe es ist, die Erfüllung des Mythos, d. h. den Verlauf des Schicksals, sicherzustellen. Daneben aber verfolgen sie persönliche Interessen. Hera, die Gattin des Zeus, ist durchaus nicht mit dem Beschluß des Zeus einverstanden, Achill in seinem Plan zu unterstützen, die Achäer in Bedrängnis zu bringen und Troias Fall beinahe zu verhindern. Hera besteht darauf, daß Troia fallen muß. Sie ist eine unerbittliche Feindin des troischen Herrschergeschlechts, denn dessen Sproß Paris hatte sie einst tödlich beleidigt, als er die Göttin Aphrodite ihr und der Göttin Athene im Schönheitswettbewerb vorgezogen hatte. So erzählt die *Ilias* eine gewaltige Episode unmittelbar vor dem Fall Troias aus zwei Perspektiven – jener der in ihrer Gegenwart gefangenen Helden und derjenigen der intrigierenden Götter, welche aber auch die Zukunft, also die vollendete Handlung, kennen. Dieses dichte Ineinander von bestimmender und kommentierender Götterhandlung und aktuell zielgerichteter Handlung der Helden, der eigentlichen Menschenhandlung, sowie der Bezug auf einen mythischen Endpunkt, den Fall Troias, ist charakteristisch für die *Ilias*.

Das aus Achills Groll entstehende Geschehen vollzieht sich in drei Handlungsschritten, die im wesentlichen vier Kampftage vor Troia beschreiben. Der erste Handlungsschritt (2. bis 7. Gesang) führt in die Situation und die Vorgeschichte des aktuellen Konflikts ein, indem Ereignisse erzählt werden, die eigentlich nicht in das zehnte Kriegsjahr vor Troia, sondern in die Anfangszeit des Krieges gehören. Die Achäer lagern vor Troia, da einem von ihnen, dem König von Sparta und Bruder des Heerführers Agamemnon, Menelaos, die Gattin Helena von dem Troianer Paris, der als Gast in seinem Hause weilte, entführt worden ist. Der Raub der Helena ist ein ungeheurer Bruch der Gastfreundschaft und eine schwere Verletzung der Ehre ihres Gatten.

Die Helden beider Kriegsparteien, Achäer und Troer, entschließen sich, den Kriegsgrund durch einen Zweikampf der beiden Kontrahenten aus dem Weg zu schaffen (3. Gesang). In diesem Duell erweist sich Menelaos als der Stärkere. Doch kurz vor seinem Sieg über Paris entrückt die Göttin Aphrodite den schönen Troer von dem Schlachtfeld und trägt ihn zum Schlafgemach Helenas auf Troias Burg. Die Verbindung des Paares liegt Aphrodite am Herzen, denn sie hatte einst beim Schönheitswettstreit der Göttinnen Paris als Lohn für ihren Sieg Helena als die schönste unter den Frauen versprochen. Unterdessen suchen die Helden auf dem Schlachtfeld nach Paris und rufen, nachdem dieser nicht aufzutreiben ist, Menelaos zum Sieger aus. Der in dem Mythos nicht vorgesehene Frieden durch Duellentscheid ruft die Götter auf den Plan (4. Gesang). Nach einem Streit mit der über das Handeln der Aphrodite äußerst erbosten Hera schickt Zeus seine Tochter Athene auf das Schlachtfeld, um den Troer Pandaros zu einem Pfeilschuß auf Menelaos anzustacheln. Mit diesem Angriff ist der Frieden gebrochen, und die Kriegshandlungen beginnen erneut. Die erste Begegnung der Heere erfolgt noch am selben Tag (5. Gesang).

Vor seinem Eintritt in den Kampf, aus dem er nicht lebend zurückkehren wird, geht Hektor in seine Vaterstadt Troia, um die Frauen zu einem Opfer an die Stadtgöttin Athene aufzufordern, ferner um Paris von Helena abzuholen und um von seiner eigenen Frau, Andromache, Abschied zu nehmen (6. Gesang). In diesem Gesang wird die Stadt Troia gezeigt: Die Ältesten der Troer blicken vom Skäischen Tor neugierig auf das Schlachtfeld; Helena beschreibt die vermeintlich fremden Helden der Achäer ihrem troischen Schwiegervater, dem König Priamos. Hektor trifft bei seiner Ankunft am Tor die Frauen der Krieger. Er geht zu den Häusern des Priamos und seiner Söhne. Auf der oberen Burg opfern die Königin Hekabe und die Frauen im Tempel der Athena auf Hektors Geheiß. Die Bedeutung Hektors als Beschützer seiner Stadt wird ebenso deutlich wie die Situation der Helena, die ihr unerträgliches Los zwischen zwei Männern beklagt und doch weiß, daß sie leiden muß, weil es so von Zeus bestimmt ist und sie dadurch in den Liedern der zukünftigen Menschen fortleben wird. Der Abschied Hektors von seiner Gattin Andromache und dem gemeinsamen Sohn Astyanax zeigt alle Zeichen der Endgültigkeit: Andromache geht zurück in das Haus und stimmt mit den dort arbeitenden Frauen das Klagelied um den noch lebenden Hektor an.

An diesem ersten Kampftag zeigen sich Achäer und Troer noch gleich stark; die Göttin Athene und der Gott Apollon sorgen auf seiten der Achäer beziehungsweise der Troer für einen

Ausgleich der Kräfte (7. Gesang). Eine Waffenruhe am nächsten Tag zur Bestattung der Toten beider Seiten beschließt diesen Handlungsabschnitt, der als Einführung in die Vorgeschichte des Konfliktes um Troia dient. Zu den Ereignissen dieser Vorgeschichte gehört auch der Bau der Mauer um das Schiffslager der Achäer, die nach der Totenbestattung an dem Grabhügel der gefallenen Griechen errichtet wird. Es soll sich dem Mythos zufolge um eine Mauer gleich jener berühmten Mauer der Stadt Troia selbst gehandelt haben. Diese hatten die Götter Apoll und Poseidon einst erbaut. Die beiden Götter fürchten nun, daß der Ruhm der neuen Mauer den der älteren, götterentsprungenen, überflügeln könnte. Zeus aber verspricht ihnen, daß sie diese später, nach dem Fall Troias, dem Erdboden gleich machen dürfen und daß nur der Ruhm der von den Göttern errichteten Mauer Troias die Zeiten überdauern wird.

Der zweite Kampftag zeigt die Wende des Kriegsglücks der Achäer (8. und 9. Gesang). Es beginnt der zweite Handlungsabschnitt der *Ilias*, der sich zu großer dramatischer Spannung entwickeln wird. Zeus spricht als oberster olympischer Gott ein Machtwort: Die Götter müssen sich aus dem Kampf heraushalten. Er selbst bezieht Stellung auf dem Berg Ida bei Troia, um das Geschehen mit eigenen Augen zu überwachen. Die Niederlage der Achäer ist beschlossene Sache; ihr Schicksal wird sich erst wenden, wenn Achill wieder in den Kampf eintritt und gegen Hektor ziehen wird. Schon dringt Hektor bis zum Graben des Achäerlagers vor. Hera, die Gemahlin des Zeus, befürchtet, daß der troische Held schon jetzt eines der Schiffe in Brand setzen könnte (8. Gesang). In der Bedrängnis erkennt Agamemnon sein verblendetes Auftreten gegen Achill, den offensichtlich selbst die Götter ehren. Eine Bittgesandtschaft, die mit reichen Gaben ausgestattet ist, bricht zu Achill auf, aber die Unterhändler Aias, Odysseus und Phoinix können nichts ausrichten. Achills Groll hat sich ins Maßlose gesteigert. Seine Mutter Thetis hat ihm geweissagt, daß er lange, aber ruhmlos leben könne, wenn er für immer dem Kampf um Troia entsage, ihm aber unvergänglicher Ruhm zuteil würde, wenn er vor Troia bleibe und kämpfe. Er entscheidet sich zunächst gegen den Ruhm. Am nächsten Tag will er sehen, ob er mit seinem Heer heimkehren oder noch bleiben wird (9. Gesang).

Der nächste Tag aber zeigt den Umschwung der Handlung. Die Achäer geraten in höchste Bedrängnis, Patroklos, der liebste Gefährte des Achill, zieht in den Kampf – und fällt (11. bis 18. Gesang). Zuerst aber werden Agamemnon, Odysseus und Diomedes verletzt und fahren mit ihren Wagen vom Kampfplatz zum Lager, ebenso Nestor mit dem verwundeten Arzt, Machaon. Achill sieht die beiden, zeigt ein erstes verhohlenes Interesse an dem Kampfgeschehen, und schickt Patroklos zu Nestor, um sich nach Machaon, dem wichtigen Arzt, zu erkundigen (11. Gesang). Die Gelegenheit ist Nestor willkommen, um dem Kampfesverweigerer durch den ihm nahestehenden Freund ins Gewissen reden zu lassen. Falls Achill aber immer noch nicht zu erweichen sei, soll wenigstens eine kluge List den Achäern helfen. Da Hektor und die Troer nur durch Achills Anblick abzuschrecken seien, soll Patroklos in dessen Waffen auftreten und unter den getäuschten Troern den lange entbehrten Schrecken verbreiten.

Hektor steht vor der Mauer des Achäerlagers, er schleudert einen Steinblock, den Zeus ihm leicht werden läßt, gegen das Tor und erstürmt die Mauer. Die Achäer fliehen daraufhin zu den Schiffen (12. Gesang). Da entspannt sich die Lage plötzlich für die Achäer, denn in dem Moment, da Zeus vom Ida zerstreut nach Norden blickt, geht sein Bruder Poseidon zu den Schiffen, um ihnen zu helfen. Nun bleibt die irdische Handlung, eingespannt in den Machtkampf des göttlichen Bruderpaares, deren einer für die Troer und der andere für die Achäer eintritt, in wechselnder und unentschiedener Spannung in der Schwebe (13. Gesang). Hera sieht Poseidon und steht ihm bei. Sie verführt Zeus auf dem Ida und überläßt ihn dem Schlaf. Poseidon führt nun unangefochten die Achäer; die Mauer des Schiffslagers wird erfolgreich verteidigt und Hektor sogar verwundet (14. Gesang). Doch Zeus erwacht, pocht auf seiner Machtstellung und unterbindet die Intervention der Götter aufs neue. Hera wird gedemütigt und geht klagend zum Olymp; die olympischen Götter kritisieren Zeus' Gewalt und Übermut, schrekken aber vor einem Aufstand zurück. Auch Poseidon muß weichen; er mahnt Zeus jedoch, die Dinge nicht zu weit zu treiben: Troia müsse zerstört werden (15. Gesang). Zeus aber schickt Apollon auf das Schlachtfeld. Er heilt Hektor und führt mit ihm gemeinsam den Sturm auf die Achäermauer an. Der Gott wirft die Lagermauer der Griechen wie ein Spielzeug um. Sie stehen vor den Schiffen, Hektor schickt sich an, ein Schiff zu erstürmen und ruft nach einer Fackel (15. Gesang).

In dem Moment da das erste Schiff Feuer fängt, fordert Achill, der den Rat Nestors vernommen hat, Patroklos auf, sich in seinen – Achills eigenen – Waffen zu rüsten. Er selbst ordnet sein Heer, die Myrmidonen, für den Kampf. Unter der Führung des Patroklos treiben sie die Troer von den Schiffen zurück. Patroklos aber geht trotz der Mahnung Achills, die Troer nur abzuschrecken, aber nicht zu verfolgen, zum direkten Angriff über. Er stürmt gegen Troia und begegnet Apoll, der ihm Achills göttliche Waffen nimmt. Den Ruhm, Patroklos getötet zu haben, überläßt der Gott jedoch Hektor. Prahlend verhöhnt dieser den Sterbenden und wird von Patroklos belehrt, daß nun sein eigener Tod durch Achill bevorstehe (16. Gesang).

Hektor nimmt Patroklos die Waffen Achills ab und droht, den Leichnam den Hunden Troias vorzuwerfen. Ein zunächst unentschiedener Kampf um den Leichnam des Patroklos entbrennt, der erst endet, nachdem Achill vom Tod des Gefährten erfahren hat und die Göttin Hera ihm den Rat erteilt, auf der Mauer des Lagers zu erscheinen. Athene legt ihm die Ägis, das schreckenverbreitende göttliche Ziegenfell, um, und beide, Göttin und Held, brüllen so stark, daß Verwirrung die Reihen der Troer erfaßt. Nach der Bergung der Leiche des Patroklos zwingt Hera Helios, den Sonnengott, vorzeitig im Ozean zu versinken. Der vorzeitige Sonnenuntergang beendet den für die Achäer schrecklichen Tag (18. Gesang).

Achill hat seinem Groll vor seiner Mutter Thetis abgeschworen und entschieden, Patroklos im Kampf gegen Hektor zu rächen. Thetis ist daraufhin auf den Olymp gegangen, um von Hephaistos, dem mißgestalteten Schmiedegott und Sohn des Zeus und der Hera, für Achill neue Waffen schmieden zu lassen.

Für die Troer entsteht mit dem neuerlichen Auftreten Achills
eine veränderte Lage: Sie müssen vom Angriff zur Verteidigung
übergehen. Hektor will dies jedoch nicht wahrhaben und kehrt
nicht in den Schutz der Stadt zurück, sondern nächtigt – gegen
guten Rat – auf offenem Feld und erwartet dort in der Hoffnung, den Angriff fortsetzen zu können, den neuen Tag. An diesem Kampftag, dem dritten Handlungsschritt und Höhepunkt
der *Ilias* (19. bis 22. Gesang), vollführt Achill einen ungeheuren Siegeslauf, an dem die Götter und die (göttlichen) Natur-
kräfte teilhaben – ähnlich dem unheilkündenden Geschehen
einer Welten- oder Zeitalterwende. Hektor wird getötet werden,
der Tod Achills und die Einnahme der Stadt Troia werden ange-
kündigt und damit das Ende des Zeitalters der Heroen, das mit
dem Fall Troias endet.

Der Anfang dieses dritten Tages sieht zunächst die Versöhnung Achills mit Agamemnon, den Aufzug des Heeres und
Achill beim Anlegen der neuen von Hephaistos gefertigten Rüstung. Xanthos, das unsterbliche Pferd, dem Hera für diesen
Augenblick Sprache verliehen hat, enthüllt Achill das Wissen
der Götter: Das ihm Bevorstehende sei kein gewöhnliches Geschehen, es sei vorherbestimmtes Schicksal. Patroklos sei von
Apoll entwaffnet und erst darauf von Hektor getötet worden;
auch Achill werde von der Hand eines Gottes und eines Menschen fallen. Achill, der diese Wahrsagung kennt und nun be-
jaht, zieht jauchzend in den Kampf (19. Gesang). Zeus läßt zur
Götterversammlung rufen und gibt den Streit der Götter frei: Sie
sollen je nach ihrer Vorliebe einer der beiden Kriegsparteien bei-
stehen, denn sonst erfülle sich das Schicksal zu schnell und
Achill würde die Mauern Troias vor der Zeit zerstören. Begleitet
vom Donner des Zeus und einem Erd- und Seebeben des Poseidon schreitet Achill voran und begegnet Aineias, dem Helden,
dem es bestimmt ist, den Krieg und die Zeitenwende zu überleben und zum Stammvater des späteren Troergeschlechtes
zu werden. Aineias wird, nachdem er die mythische Geschichte
seiner Vorfahren Achill im Redestreit der Helden vorgetragen
hat, von Poseidon gerettet und an den Rand des Schlachtgetüm-
mels getragen (20. Gesang). Achill stürmt weiter und füllt die

Wogen des Flusses Skamandros mit den gefallenen Troern. Der Fluß ergrimmt und droht zusammen mit seinem Nebenfluß Simoeis den fliehenden Achill in Flutwellen zu ertränken. Nur das Feuer des Hephaistos, das einen Brand in der ganzen Ebene entfacht, kann die Flüsse zähmen. Nun kämpfen die Götter auf dem Schlachtfeld gegeneinander und werfen sich wechselseitig ihre Parteilichkeit und die daraus hervorgehenden üblen Taten für die jeweils andere Seite vor. Danach kehren die Götter auf den Olymp zurück, nur Apollon geht nach Troia, da er um die Mauer besorgt ist, daß sie nicht noch am selbigen Tag zerstört werde. Achill aber stürmt gegen die Stadt. Alle Troer, außer Hektor, flüchten hinter ihre schützenden Mauern (21. Gesang).

Draußen flieht nun Hektor vor Achill. Viermal umkreisen die Helden in gleichem Abstand die Stadt. Achill kann sich Hektor nicht nähern, denn diesem steht Apollon bei. Da hebt Zeus die Schicksalswaage und die Schale mit Hektors Los senkt sich unter den Klagen des Gottes zu Boden. Apoll muß von Hektors Seite weichen, während im selben Moment Athene eilt, Achill beizustehen. Sie tritt, gehüllt in die Gestalt von Hektors Bruder Deïphobos, an die Seite des zaudernden Troers und beginnt, ihm Mut einzuflößen: Zu zweit könnten sie Achill entgegentreten. Im Zweikampf mit Achill aber merkt Hektor, als er den wie vom Erdboden verschwundenen Bruder zu Hilfe ruft, daß er von der Göttin getäuscht wurde und sterben muß. Er weiß aber auch, daß er Achill im Kampf offen entgegengetreten ist und daher nach großer Tat fallen wird: Sein Ruhm wird künftig von den Menschen besungen und unauslöschlich sein. Achills Speer trifft Hektor tödlich. Der Sterbende verkündet Achill, daß er durch Paris und Apollon fallen werde. In Troia haben Priamos, Hekabe und als letzte auch Andromache, die seit dem Abschied von ihrem Gatten in Klagen verharrte, vom Tod Hektors erfahren (22. Gesang).

Auch die Achäer klagen nach ihrer Rückkehr ins Schiffslager um Patroklos. Achill entwaffnet und schändet Hektors Leiche und mißachtet auf diese Weise grausam die letzten Bitten des Toten. In der Nacht tritt die Seele des Patroklos zu ihm und fleht um baldige Bestattung. Trauer und Bestattung sind auch die Themen, mit denen die *Ilias* endet. Wir finden eine detaillierte Beschreibung der Heroenbestattung und der Wettkampfspiele zu Ehren des Patroklos (23. Gesang). Und auch Hektor wird, nachdem Achill seinen Leichnam 12 Tage so barbarisch miß- handelt hat, daß die Götter wegen dieser unsinnigen Grausam- keit zürnen, von Priamos ausgelöst: Auf die Anklage Apollons vor der Götterversammlung schickt Zeus Thetis zu Achill und läßt ihm gebieten, den Leichnam freizugeben. Priamos geht un- ter dem Schutz des Gottes Hermes in das feindliche Lager. Beim Gespräch in Achills Zelt kehrt sich auf wunderbare Weise des- sen Unerbittlichkeit in Mitleid mit dem alten Vater um, weil die- ser ihn an seinen eigenen Vater Peleus erinnert, der auch als alter Mann seinen Sohn verlieren wird. Hermes, wieder um Priamos Sicherheit besorgt, geleitet den Troerkönig mit dem Maultierge- spann, das den Leichnam trägt, noch in derselben Nacht aus dem Lager. Im Morgengrauen erblickt Kassandra, die Tochter des Priamos, den Zug auf dem Rückweg in die Stadt. In Troia erhebt sich eine unendliche Klage um Hektor, den Beschützer der Stadt. In großen Klagemonologen rühmen die Frauen den Helden. In Andromaches Klagelied, das sie ähnlich schon beim Abschied von ihrem Gatten angestimmt hatte, scheint die zu- künftige Einnahme Troias durch die Achäer auf. Zuvor aber werden Hektor wie Patroklos zwölftägige Totenehrungen zuteil (24. Gesang).

2.2 Die Odyssee

Die *Odyssee*, das jüngere der beiden Epen, handelt von dem Mann, der es fertigbrachte, Troias Festung durch eine List ein- zunehmen. Denn das gelang weder dem obersten Heerführer Agamemnon noch einem der gewaltigen Krieger vor Troia, son- dern jenem listigen Helden dank seiner Erfindung des hölzernen Pferdes. Er verstand sich aber noch auf vieles mehr. Odysseus er- scheint schon in der *Ilias* stets als der Kluge, der Ratgeber, Ver- mittler und Redner – die *Odyssee* stellt ihn zusätzlich noch als den auf allen Wegen Kundigen und als listigen und erfindungs- reichen Erzähler dar.

Anders als in dem älteren Epos ist die Handlung der *Odyssee* nicht durch ein wettkampfmäßiges, kriegerisches Geschehen, eine Abfolge von Siegesläufen, strukturiert. Ihr Thema ist vielmehr die um zehn Jahre verzögerte, beim Einsetzen des Epos aber unmittelbar bevorstehende Heimkehr des Helden, die aus den Perspektiven dreier Personen dargestellt wird: einmal aus dem Blickwinkel des Odysseus, der seine letzten Abenteuer besteht und nach Ithaka zurückkehrt, dann aus der Sicht seines Sohnes Telemachos, der kurz vor seiner Volljährigkeit steht, sein väterliches Erbe bedroht sieht und Nachrichten über den Vermißten sucht, und verbunden damit aus der Perspektive der Penelope, der Frau des Odysseus, die den Besitz des Mannes und das Erbe des Sohnes bewahren will, der aber als vermeintlicher Witwe eine ungewollte, von den Mächtigen Ithakas jedoch mit Gewalt geforderte neue Verheiratung droht. Die Spannung des Epos entwickelt sich aus dieser Konstellation – die Rückkehr des Helden nach so langer Zeit ist gefährlich. Zeus erinnert gleich zu Beginn der *Odyssee* an das Schicksal des griechischen Oberbefehlshabers Agamemnon: Dieser wurde hinterhältig von Aigisth, den Agamemnons Frau Klytaimnestra nach langem vergeblichen Warten als Mann ins Haus genommen hatte, ermordet. Wird es Odysseus, dem überaus Kundigen, der, wie Zeus sagt, mehr Verstand hat als die gewöhnlichen Sterblichen, im Gegensatz zu jenem gelingen, nach zwanzig Jahren – nach zehnjährigem Kampf vor Troia und nach zehnjähriger verhinderter Heimkehr – trotz aller Gefahren heimzukehren und seine Frau, sein Haus und seine Königswürde in Ithaka zurückzugewinnen? Da Odysseus, Penelope und Telemachos unter dem Schutz der Athene stehen, mit deren Gaben sie mehr als alle anderen ausgestattet sind, stellt die *Odyssee* eine Probe ihrer Klugheit dar, also einen Wettstreit besonderer Art, den alle drei mit Hilfe der Götter gewinnen werden.

Auch in der *Odyssee* haben die Götter einen leitenden Anteil an dem irdischen Geschehen, allerdings nicht in einer so komplexen und urgewaltigen Weise wie in der *Ilias*. Auch die Tragik, die die *Ilias* durchzieht, finden wir hier nicht. Die Götterhandlung der *Odyssee* ist weniger dicht, es gibt weniger Götterszenen, und es treten insgesamt weniger Götter auf, außerdem sind die Götter hier nicht intrigant, im Gegenteil, sie sind berechenbar und sie schützen menschliche Moral und Recht: Schuld und Strafe stehen in einer nachvollziehbaren Beziehung zueinander. Zeus stellt dies bereits am Anfang des Epos richtig: «*Nein! Wie die Sterblichen doch die Götter beschuldigen! Denn von uns her, sagen sie, sei das Schlimme, und dabei schaffen sie es sich doch selbst durch eigene Freveltaten!*» (1. 32–34). In der *Odyssee* beweisen die Götter durch Zeichen und eigenes Eingreifen, wer gerecht redet und handelt.

Die *Odyssee* thematisiert darüber hinaus das homerische Erzählen selbst. Wir hören schon in der *Ilias*, daß die Helden sich stets bewußt sind, daß das außerordentliche Leid, das sie durchleben, in die Lieder der späterer Menschen Eingang finden wird. In der *Odyssee* treffen wir eine Generation an, die diese Geschichten zehn Jahre nach dem Untergang Troias hört und auf neue Geschichten, besonders um die Heimkehr der Helden von Troia, gespannt ist. In der *Odyssee* treffen wir daher immer wieder auf die Erzählung in der Erzählung. Einen thematischen Zusammenhang bilden die Geschehnisse um Troia, die in der *Ilias* noch in der Zukunft liegen. Sie werden in der *Odyssee*, fast wie in Antwort auf die in dem älteren Epos unbeantwortet gebliebenen Fragen, ausgeführt. Helena und Menelaos etwa erzählen aus der *Geschichte vom hölzernen Pferd* (4. Gesang). Auch Sänger treten auf, und erzählen professionell aus diesem Sagenkreis (bes. 8. Gesang) und schließlich erzählt Odysseus selbst den Phäaken seine Erlebnisse auf zehnjähriger Irrfahrt, die ihn sogar in die Unterwelt führte, wo er wiederum neue Erzählungen von den bereits Verstorbenen gehört hat (10.–12. Gesang). Auf Ithaka erweist er sich schließlich als gewiefter Lügenerzähler, der sein Seemannsgarn vor dem treuen Schweinehirten Eumaios ausbreitet (14. Gesang).

Am Anfang der *Odyssee* steht der Rat der Götter auf dem Olymp: Zeus und Athene, die ursprünglich die Heimkehr der Troiakämpfer behindert hatten, wollen Odysseus, der zu diesem Zeitpunkt gerade auf der Insel Ogygia von der Nymphe Kalypso festgehalten wird, endlich heimkehren lassen. Der Zeitpunkt ist günstig, da Poseidon, der Odysseus wegen der Blendung seines Sohnes, des Riesen Polyphem – dazu gleich noch ausführlich – unablässig grollt, gerade am südlichen Ende der Welt, bei den Äthiopiern, weilt. Athene entwirft folgenden Plan: Hermes soll Kalypso auffordern, Odysseus freizulassen. Sie selbst wird nach Ithaka gehen und sich in Gestalt des Händlers Mentes, der ein Gastfreund des Odysseus war, mit Telemachos anfreunden und gemeinsam mit ihm in Ithaka vorläufig für Ordnung sorgen. Danach soll Telemachos nach Sparta und Pylos reisen, um Nachrichten über den Verbleib seines Vaters zu suchen.

Die Lage auf Ithaka ist ernst: Im Haus des Odysseus haben sich die Edlen aus der Umgebung eingefunden, um Penelope zu freien. Nach zwanzigjähriger Abwesenheit des Hausherrn, der seit zehn Jahren als verschollen gilt, gehört es sich, so machen sie geltend, daß die Hinterbliebene einen neuen Mann nimmt. Auf die Entscheidung der Umworbenen schon über drei Jahre wartend, zechen die Freier und frönen jeglichem Luxus im Hause des Odysseus, so daß das Hauswesen zu verarmen droht. Athene appelliert an Telemachos, indem sie ihn an seine Stellung als fast erwachsener Sohn des Hauses gemahnt: Er solle die Freier auf ihre eigenen Güter zurückschicken und selbst ein Schiff rüsten, um in Pylos Nestor und in Sparta Menelaos nach Odysseus zu befragen. Ein Jahr soll er bis zu seiner Rückkehr warten (1. Gesang).

Am nächsten Morgen verfährt Telemachos nach dem Rat der Göttin. Er ruft eine Versammlung auf dem Markt von Ithaka ein, wo die Rückkehr der Freier auf deren Güter beschlossen werden soll. Sie scheitert aber an der Unverfrorenheit der Freier, die das Haus des Odysseus nicht mehr achten. Telemachos schwört daraufhin tödliche Rache. Zusammen mit Athene, die ihm nun in Gestalt des Mentor, eines Gefolgsmannes des Odysseus, zur Seite tritt, rüstet er ein Schiff. Die Göttin besorgt die Mannschaft und versetzt die Freier in Schlaf, so daß die kleine Schar unbehelligt aufbrechen kann (2. Gesang). In Pylos berichtet Nestor von der Abreise der griechischen Heere nach dem Fall Troias und von seiner eigenen Heimkehr. Er ermahnt Telemachos, das Haus des Odysseus an den Freiern zu rächen und stellt ihm Orest, den Sohn Agamemnons, der den ermordeten Vater rächte, als leuchtendes Beispiel vor Augen (3. Gesang). Menelaos, zu dem Nestor Telemachos schickt, ist inzwischen wieder mit Helena vereint und weiß Genaueres zu berichten. Er selbst ist nach langer Irrfahrt im südöstlichen Mittelmeerraum, die ihn nach Phönizien und bis nach Ägypten führte, nach Sparta zurückgekehrt. Sein Haus voller Schätze aus Gold, Bernstein, Silber und Elfenbein kündet noch von dieser Reise. In Ägypten hat ihn Proteus, ein urzeitlicher Wassergott, über das Schicksal der Heimkehrer von Troia aufgeklärt. Nur zwei Heimkehrer seien umgekommen: Aias und Agamemnon; Odysseus aber treibe noch auf dem Meer. Proteus hat selbst gesehen, wie er von Kalypso auf deren Insel Ogygia festgehalten wird; ohne Schiffe und Mannschaft könne er die Heimkehr nicht antreten.

Inzwischen haben die Freier auf Ithaka das eigenständige Handeln des Telemachos, den sie als noch nicht ganz erwachsenen Mann nicht für voll nahmen, bemerkt und beginnen, ihn zu fürchten. Sie planen, ihm bei seiner Rückkehr mit Schiffen aufzulauern und ihn zu töten. Penelope erfährt von der Mordabsicht und läßt zu Laertes, dem Vater des Odysseus schicken, auf daß er sich einen Plan überlege, das Volk auf die Seite des Stammes des Odysseus zu ziehen. Athene bestärkt Penelope durch einen Traum in der Hoffnung, daß Telemachos unbeschadet heimkehren wird (4. Gesang).

An dieser Stelle wendet sich der Erzähler Odysseus zu. Zeus schickt Hermes zu Kalypso auf die Insel Ogygia, um ihr den göttlichen Ratschluß zu verkünden, daß Odysseus nach Hause zurückkehren soll: Er muß ohne göttliche und menschliche Hilfe auf einem Floß zu den Phäaken nach Scheria gelangen. Von dort wird er, neu ausgestattet und von dem legendären Schiffsvolke geleitet, nach Ithaka zurückkehren. Hermes begegnet Odysseus am Strand der Insel Ogygia und sieht ihn weinen und sich nach Penelope verzehren. Kalypso läßt den unwilligen Liebhaber ziehen und weist ihm den Weg zu den Phäaken. Auf der Floßfahrt dorthin aber begegnet ihm Poseidon, der sich gerade auf der Rückreise von den Äthiopiern befindet. Dieser erkennt sofort den verräterischen Entschluß, den Zeus in seiner

Abwesenheit gefaßt hat, und schickt Odysseus einen furcht-
baren Sturm, so daß dieser Schiffbruch erleidet. Nur mit Hilfe
Athenes gelangt Odysseus schwimmend und nackt an den
Strand der Insel des götternahen Phäakenvolkes (5. Gesang).

Durch Athene und unter Anleitung der phäakischen Königs-
tochter Nausikaa, die den Helden bekleidet und in ihm ihren
Bräutigam erblicken möchte (6. Gesang), gelangt Odysseus als
Fremder in die Stadt des mißtrauischen Schiffsvolkes. Athene
zeigt ihm den Weg zum Haus des Königs Alkinoos und dessen
kluger Frau Arete. Odysseus gewinnt sie, die die Kleider, die
Nausikaa ihm gegeben hatte, sofort erkennt, als Fürsprecherin.
Er wird daraufhin auch von Alkinoos gastfreundlich in dessen
Hause aufgenommen. Am nächsten Morgen soll der fremde
Gast in der Gesellschaft der Ältesten der Stadt mit einem Fest
geehrt werden (7. Gesang).

Die Phäaken huldigen dem Gast mit Reigentänzen, Wett-
kämpfen und einem Gastmahl. Sie staunen über die Umgangfor-
men des Fremden, seine Sprache, sein Geschick bei den Kampf-
spielen und erkennen seinen Adel. Zum Tanz und zum Mahl
singt der Sänger Demodokos. Als er bei der Mahlzeit Lieder aus
der Troia-Geschichte anstimmt – er trägt zunächst das *Lied vom
Streit zwischen Odysseus und Achill* vor und dann das *Lied vom
hölzernen Pferd* – verhüllt Odysseus sein Gesicht und weint
(8. Gesang). Nachdem Alkinoos ihn aufgefordert hat, selbst zu
erzählen vom dem, was sein Gemüt bewegt, gibt Odysseus sich
zu erkennen und berichtet von seiner bisher gescheiterten Heim-
fahrt von Troia nach Ithaka, auf deren Stationen er sein Schiff
sowie nach und nach all seine Gefährten verloren hat und zu deren Vollendung er das Geleit der Phäaken braucht. Die Reise –
so die Erzählung des Odysseus – führte zunächst von Troia nach
Thrakien zu den Kikonen. Nach bestandenem Abenteuer aber
wurde das Schiff abgetrieben und Odysseus in eine Welt sagen-
umwobener Völker und halbgöttlicher und göttlicher Wesen
verschlagen. (Zu ihnen gehört letztlich auch das Volk der Phäaken, das auf einer Insel lebt, die vor Odysseus niemand betreten
hat und die, nachdem ihre Bewohner Odysseus heimgeleitet haben, von Poseidon aus Rache mit einem Gebirge umgeben und

so für immer unerreichbar werden wird.) Odysseus und seine
Gefährten gelangen auf ihren Irrfahrten unter anderem zu den
Lotophagen, den Kyklopen, auf die Aiolosinseln, zu den Lästry-
gonen und auf die Insel der Kirke (9.–10. Gesang). Sie begegnen
den Sirenen, der Skylla und der Charybdis, gelangen auf die Insel Thrinakia, und schließlich endet Odysseus allein bei Kalypso
auf Ogygia (12. Gesang).

Auf der Insel der Kyklopen – so erzählt Odysseus seinen Gast-
gebern, den Phäaken – hatte er den einäugigen Riesen Polyphem, einen Sohn des Poseidon, geblendet und verspottet. Seit-
her wurde er von Poseidon mit unerbittlichen Groll verfolgt.
Auf der Insel Aia aber wies ihm Kirke zuerst den Weg (10. Gesang). Er führte zunächst zum Hades am Rande des Okeanos
(des Weltmeeres); dort in der Unterwelt verkündete ihm der verstorbene Seher Teiresias: Wenn er und seine Gefährten auf der
Insel Thrinakia die heiligen Rinder des Sonnengottes unversehrt
lassen, dann werden sie alle nach Ithaka zurückkehren können,
wenn nicht, wird Odysseus spät und alleine heimkehren. Nach
langer Abwesenheit wird sein Haus von Freiern belagert, die
Heimkehr also gefährlich werden. Den Zorn des Poseidon aber
werde Odysseus erst besänftigen, wenn er nach seiner Rückkehr
abermals ausziehe und zu einem Volk gelange, das die Seefahrt
nicht kenne. Dort, wo sein Ruder für eine Worfschaufel (Schau-
fel zum Getreidereinigen) gehalten wird, solle Odysseus dem
Poseidon opfern, dann werde er in hohem Alter sterben und sein
Volk gesegnet sein. Wichtige Nachrichten für seine Rückkehr
kommen Odysseus auch durch andere verstorbene Seelen zu. So
berichtet ihm seine Mutter von der Lage auf Ithaka. Agamemnon hingegen klagt ihm sein Leid und warnt ihn, daß bei einer
Rückkehr nach langer Zeit auf die Frauen kein Verlaß sei – er
solle seine Ankunft in der Heimat nicht offenkundig, sondern
besser heimlich betreiben (11. Gesang).

Die Phäaken haben Odysseus, von dessen Geschichten bezau-
bert, zugehört. Als Lohn statten sie ihn reich aus und geleiten
ihn mit einem ihrer Schiffe nach Ithaka. Dort setzen sie den
Schlafenden ab und Odysseus findet sich schließlich in einer ver-
borgenen Bucht am Strand wieder, wo Athene zu ihm tritt, sich

zu erkennen gibt und ihn in ihre Pläne einweiht: Ebenso wie er und Telemachos soll sein Haus gerettet, die Freier aber blutig bestraft werden. Die Göttin gibt dem Helden die Gestalt eines Bettlers und weist ihn an, bei seinem treuen Schweinehirten Eumaios auf sie zu warten und sich über die Geschehnisse in seinem Haus genau unterrichten zu lassen. Athene selbst aber geht nach Sparta, wo Telemachos bei Menelaos seit einem Jahr auf die eigene Heimkehr wartet (13. Gesang).

Während Odysseus als Bettler unerkannt bei Eumaios weilt und den gänzlich Ungläubigen von der Rückkehr seines Herrn zu überzeugen sucht und dabei in der Treue seines Dieners bestätigt wird (14. Gesang), heißt Athene in Sparta den Telemachos, nach Ithaka zurückzukehren. Die Hochzeit seiner Mutter stünde nun bald bevor, ein Freier sei gefunden und ihr Vater und Bruder drängten sie zu einem neuen Ehebund. Allerdings seien Vorsichtsmaßnahmen für die Heimkehr vonnöten, denn einige Freier lauerten Telemachos im Sund von Ithaka auf. Athene nennt ihm den Landeplatz, wohin er mit göttlichem Fahrtwind gelangen werde; Schiff und Mannschaft solle er dann zur Stadt schicken, selbst aber zu Eumaios gehen, dort die Nacht verbringen und den Schweinehirten am nächsten Morgen mit der Kunde von seiner Rückkehr zu Penelope schicken.

Nachdem Telemachos unangefochten zurückgekehrt ist und Eumaios zu Penelope geschickt hat, erscheint Athene dem Odysseus und gibt ihm seine ursprüngliche Gestalt wieder. Telemachos hatte den Vater in dem Bettler nicht erkannt, nun soll er ihn erkennen, beide sollen gemeinsam einen Plan aushecken, wie sie zusammen und mit göttlicher Hilfe – denn Athene und Zeus selbst stehen ihnen bei – die Freier töten können. Telemachos geht nun als erster in die Stadt. Die Freier, die von seiner glücklichen Rückkehr erfahren haben und das für Götterwerk halten, haben unterdessen Penelope versprochen, ihrem Sohn nichts anzutun. Eumaios und Odysseus, wieder in Gestalt des Bettlers, folgen Telemachos zum Hof des Odysseus. Schon auf dem Weg dorthin wird der vermeintliche Bettler gedemütigt. Als Telemachos ihm nach dem gemeinsamen Plan gebietet, nach der Mahlzeit bei den Freiern um Gaben zu bitten, offenbaren diese ihren Frevelmut, indem sie den vermeintlich schutzlosen Alten demütigen (17. Gesang). Inzwischen durchschaut der unerkannt bleibende Odysseus den betrügerischen Sinn der Dienerinnen in seinem Hauswesen. Er reizt die Freier immer wieder und wird erneut gedemütigt. Athene aber fesselt den Mut der Männer (18. Gesang) und nimmt mit Odysseus den Mordplan in Angriff. Mit Telemachos entziehen sie – die Göttin leuchtet ihnen – die in dem Haus befindlichen Waffen dem Zugriff der Freier.

Als Odysseus später in der Halle des Hauses weilt, tritt Penelope zu ihm – und es beginnt der lange Wiedererkennungsprozeß des Paares. Penelope klagt dem vermeintlichen Bettler ihr Leid und erzählt ihm von der List, mit der sie die Freier jahrelang von sich fernhalten konnte: Sie hatte vorgegeben, für ihren Schwiegervater Laertes gemäß der Tradition noch ein Leichentuch weben zu müssen, bevor sie, um einen anderen zu heiraten, aus dem Haus gehen könne. Nächtens aber hatte sie stets das am Tage Gewebte wieder aufgezogen, bis sie dabei von den Freiern ertappt worden war. – Schließlich stellt sie den Bettler auf eine erste Probe: Er hatte ihr erzählt, den Odysseus vor Troia gekannt zu haben. Welche Kleider trug der Held, als er ihn dort sah? Der Bettler weiß die Erkennungszeichen genau zu berichten und nährt Penelopes Hoffnung, daß Odysseus noch lebt und heimkehren wird. Er wird daraufhin im Haus aufgenommen, gebadet, gesalbt und gekleidet. Odysseus erbittet sich für diese Pflege eine alte Schaffnerin. Eurykleia, seine alte Amme, kommt und erkennt ihn schnell an einer Narbe, die er sich in seiner Jugend bei einer Eberjagd zugezogen hatte. Unter Drohungen verbietet Odysseus seiner Amme, Penelope etwas von ihrer Entdeckung zu verraten. Diese will am nächsten Tag, wie sie dem für sie immer noch Fremden nun berichtet, eine Bogenprobe durchführen. Odysseus pflegte seinen schweren Bogen mit Leichtigkeit zu spannen und den Pfeil durch die Ösen von zwölf hintereinander aufgestellten Äxten zu schießen. Derjenige unter den Freiern, der die gleiche Fertigkeit beweise, solle ihr künftiger Gatte werden. Aber Penelope hatte auch einen Traum, in dem Odysseus selbst zu ihr sprach und ihr unmißverständlich mitteilte, daß er selbst die Freier töten werde (19. Gesang). Penelope aber zweifelt weiter, denn sie weiß, daß Träume trügerisch sein können.

In der Nacht vor dem großen Kampf zweifelt dann auch Odysseus, ob er mit so vielen Männern fertig werden kann. Athene bestärkt ihn: Gemeinsam werden sie ein Götterwerk vollbringen. Der Kampftag beginnt mit dem Donner des Zeus. Athene reizt die Freier zu neuen Schmähungen gegenüber Telemachos und dem Bettler, auf daß die Verbitterung des Helden noch tiefer greife und seine Kampfkraft stärke. Schließlich verwirrt die Göttin den Freiern gänzlich den Verstand. Der Seher Theoklymenos erkennt, daß sie im Zeichen des Todes stehen und verläßt das Haus (20. Gesang). Athene aber gibt Penelope ein, nun die Gerätschaft für den Wettkampf zu holen. Diese ruft den Wettkampf aus und bietet sich als Kampfpreis an. Ihr Sohn Telemachos stellt Bogen und Äxte nach den Regeln der Kunst auf; ihm gelingt beinahe die Bogenprobe, aber Odysseus bedeutet ihm, sie scheitern zu lassen. Nun stellen sich die Freier der Reihe nach auf, doch auch bei Anwendung aller Kunstgriffe gelingt es ihnen nicht, den mächtigen Bogen des Odysseus zu spannen. Eine Schande, so freut sich der Erzähler, die auch für künftige Menschen im Lied zu hören sein wird! Odysseus hat sich inzwischen seinen treuen Dienern, Eumaios und Philotios, dem Schweine- und dem Rinderhirten, zu erkennen gegeben. Sie schicken die Frauen hinaus und lassen die Türen der Halle versperren. Dann nimmt Odysseus den Bogen, spannt ihn unter dem Donner des Zeus, zielt und schießt den Pfeil durch die Ösen der Äxte. Die letzte Mahlzeit der Freier ist angebrochen (21. Gesang); Odysseus und Telemachos töten sie alle mit Hilfe Athenes in einem harten ruhmreichen Kampf. Auch unter den Frauen wird Gericht gehalten: Fünfzig Dienerinnen, die Eurykleia als Verräterinnen anzeigt, werden gehenkt (22. Gesang).

Nachdem sie das Haus wieder hergerichtet und die Mordspuren beseitigt haben, schickt Odysseus Eurykleia zu Penelope, um ihr anzukünden, daß Odysseus selbst im Hause sei. Da Mißtrauen aber zu den Merkmalen der homerischen Vernunft gehört, glaubt die überaus vernünftige Penelope weder Eurykleia

noch Telemachos und erstarrt vor dem immer noch in Lumpen
gekleideten Odysseus. Erst nachdem ein Bad ihn in seiner ursprünglichen Gestalt wiederhergestellt und sie ihn abermals ge-
prüft hat – diesmal fragt sie nach der Bauweise der gemeinsamen Bettstatt, die Odysseus als Bräutigam selbst gefertigt hatte
– erkennt sie in ihm den Ehemann. Ihre Erklärung für das zöger-
liche Mißtrauen: Man kann nicht vorsichtig genug sein, denn
die Götter sind stark im Betrügen, man sieht es an dem Leid der
Helena (23. Gesang).

Aber noch ist nicht alle Gefahr ausgestanden: Wie wird die
Stadt den Freiermord aufnehmen? Schließlich haben Odysseus
und Telemachos die Besten (den Adel) der Insel und ihrer Umge-
bung ermordet. Tatsächlich droht ein Aufstand, der von den
Angehörigen der Freier angezettelt wird. Noch einmal beraten
Zeus und Athene und kommen zu dem Ergebnis, daß Odysseus
und sein Geschlecht auf immer Könige in Ithaka sein sollen.
Odysseus blutige Rache an den Freiern ist durch Athenes Planen
gerechtfertigt. So beschließt es Zeus. In einem letzten Kampf besiegen Laertes, der Vater des Odysseus, Odysseus selbst und sein
Sohn Telemachos, der nun zum Mann gereift ist, gemeinsam die
Aufständischen. Mit einem Schwuropfer wird der Blutrache
entsagt und der Friede unter den Männern besiegelt.

Die Seelen der Freier aber ziehen unter dem Geleit des Hermes
in die Unterwelt ein. Dort streitet gerade Agamemnon mit
Achill, doch als er von dem Schicksal der Freier hört, frohlockt
er und verkündet gewissermaßen die Moral der Geschichte:
Der Ruhm der Tüchtigkeit Penelopes wird nie vergehen, seine
eigene Frau Klytaimnestra aber auf ewig ein böser Ruf verfolgen
(24. Gesang).

3. Der homerische Dichter

3.1 Der poetische Charakter der homerischen Epen: der Dichter der *Ilias* und der Dichter der *Odyssee*

Ilias und *Odyssee* lassen sich als je eigenständige poetische Werke beschreiben; beide führen in sich geschlossene, spannende Episoden aus dem umfassenden *troischen Sagenkreis* vor, der von der Ursache des troischen Krieges, dem Parisurteil, dem Ausrücken der griechischen Flotte von Aulis, von der Einnahme Troias, dem Tod des Achill und der Rückkehr der Helden erzählte. Die *Ilias* besteht also ‹nur› aus einer zentralen Episode des zehnten Kriegsjahres vor Troia, der Geschichte vom Groll des Achill, der Ursache von Hektors Tod und dem Fall Troias. Die *Odyssee* führt die Heimkehrgeschichte eines der Helden vor Troia aus, die Geschichte von der lange verhinderten Heimkehr des Odysseus und seiner Irrfahrten bis zur Rückeroberung seines Hauses und der Königswürde auf Ithaka. Sie wird vor dem Hintergrund einer anderen bekannten Heimkehrgeschichte, jener von der mißglückten Heimkehr des Agamemnon, ausgebreitet und interpretiert. Beide Epen setzen ein umfangreiches Hintergrundwissen der griechischen Sagenwelt voraus. Die *Ilias* ist ohne eine Kenntnis der verschiedenen Sagen um Troias Fall und deren Chronologie kaum verständlich, auf die sich das Epos in Form von Hintergrunderklärungen ständig bezieht. Die *Sage vom Urteil des Paris* etwa liegt in der Vergangenheit der Erzählung der *Ilias*, sie ist aber Voraussetzung für das Handeln der Göttinnen Aphrodite, Hera und Athene und daher als Erklärung ständig präsent. Trotz dieser Bedeutung für die Handlung wird die Sage aber an keiner Stelle der *Ilias* ausführlich erzählt, sondern als bekannt vorausgesetzt. Die ausführlichste Referenz auf diese Sage befindet sich erst im 24. Gesang (27–30), aber auch dort wird nicht erzählt, sondern nur in kurzer Zusammenfassung an die Sage erinnert.

Ilias und *Odyssee* stellen übergeordnete poetische Bearbeitungen eines älteren Sagenstoffes der mündlichen Literaturkultur der Griechen dar. Sie setzen sogar die vorherige Zusammenfügung dieses Sagenstoffes in Großereignisse wie den Krieg um Troia voraus. Die poetische Bearbeitung greift mit eigener Interpretation auf die schon vorhandenen – und dem zeitgenössischen Publikum bekannten – Erzählungen zurück, so daß die Dichter der beiden Epen sich heutigen Lesern als individuelle Autoren mit einer jeweils eigenen Handschrift präsentieren. Besonders der Dichter der *Odyssee* kommentiert die Erzählkunst seiner eigenen Zeit und läßt sein Epos mit anderen Epen konkurrieren. Dem Dichter der *Ilias* hingegen war es besonders an der inneren Spannung seines Epos gelegen: Achill ist stets, selbst wenn er sich aus dem Geschehen heraushält, der Bezugspunkt der Erzählung; man wartet geradezu darauf, daß der unbeweglich Grollende sich wieder bewegt – zum Schaden des Patroklos und des Hektor. Die *Ilias* durchzieht eine Spannung, die durch die Umkehr des Zornes des Achill, der am Ende den Helden selbst tiefer trifft als die, die er treffen will, der Spannung einer Tragödie ähnelt.

Die Spannung der *Odyssee* muß dagegen anders beschrieben werden: Die Götter verkünden schon am Anfang, daß sie Odysseus die schwierige Heimkehr gelingen lassen wollen. Das gute Ende der Erzählung ist bekannt, die Erzählung selbst aber handelt von der Bewährung ihrer Helden Odysseus, Telemachos und Penelope. Die drei Personen haben einen jeweils typischen, aber auch eigenartigen Charakter, der sich in ihren Lebensgeschichten zeigt: Odysseus ist der typisch gute und gerechte König, aber auch listig und verschlagen. Dieser Charakter verbürgt sein Schicksal. Auch der Iliasdichter psychologisiert auf diese Weise: Der Groll des Achill geht nicht nur aus allgemeiner männlicher Ehrverletzung hervor, sondern ist in seiner Unerbittlichkeit typisch für eine Härte und Unnachgiebigkeit, die nur Achill eignet und die eine seelische Handlung – im Reagieren, Erkennen und der Umkehr des Helden – hervorruft, die einen Teil der Faszination der *Ilias* ausmacht. Neben dem Psychologisieren findet sich in beiden Epen ein fest umrissenes Zeitbewußt-

sein, eine Trennung von Vergangenheit und Gegenwart der Erzählung sowie der Zukunft, in der der epische Gesang vorgetragen wird, und – besonders in der moralisch affirmativen *Odyssee* – ein Bewußtsein von den politischen Verhältnissen und moralischen Aufgaben dieser Gegenwart. Ich komme weiter unten
(5.8) ausführlicher darauf zurück.

3.2 Der sachliche Gehalt der homerischen Epen

Trotz dieser klar erkennbaren Leitlinien und erzählerischen
Grundstrukturen erscheinen beide Epen heutigen Lesern weit-
schweifig. Das liegt an der Fülle der eingeschobenen Geschichten, die jedoch, wenn sie ausführlich erzählt werden, oft einen
Hinweis für die Deutung der Haupthandlung enthalten, poetisch also gerechtfertigt sind. Daneben aber erscheinen bis-
weilen breit ausgeführte, oft katalogartig angeordnete, in kür-
zere Erzählungen gekleidete Informationen, die der Erzähler
bewußt und ohne Rücksicht auf ihre spannungsmindernde
Wirkung im Handlungsrahmen unterbringt. Bei näherem Hinsehen aber erschließt sich ihre Bedeutung für den Gang der
Geschichte.

So gibt es kaum ein zeitgenössisches Wissensgebiet, über das
in *Ilias* und *Odyssee* nicht informiert wird. Zur Einordnung dieses Wissens benutzt der Dichter bestimmte erzählerische Situationen. Der Erzähler der *Ilias* gliedert beispielsweise seine Darstellung in typische Kampfhandlungen: Ein Held der Achäer
oder der Troer befindet sich jeweils in einem Siegeslauf, einer
Aristie, d. h. in der Phase höchster Bewährung, die ihn zu einem
der Besten (griechisch: *aristos*) macht. Dabei tötet er nacheinan-
der viele Helden der Gegenseite, deren Geschichte sozusagen im
Vorübergehen ebenfalls erzählt wird. Zu den *Aristien* gehören
also typische Kataloge der gefallenen Helden, über deren Herkunft und Geschichte Wissenswertes berichtet wird. Es werden
insgesamt etwa 350 Namen genannt. Wenn man diese Geschichten zusammenstellt, entsteht eine Personenkunde der griechischen Helden, eine systematische Sammlung der Geschichten

der Helden aller griechischen und an Griechenland angrenzenden Landschaften.

Eine ähnlich systematisch ordnende Hand läßt sich in der *Ilias* auch bei der Auswahl der Göttermythen erkennen. Hier handelt es sich um die verschiedenen Elemente der griechischen Schöpfungsgeschichte (Kosmogonie) vom Anfang der Welt bis zur Geschichte der älteren mythischen Helden, etwa des Herakles (vgl. 6.3). Die Erzählung dieser Mythen ist in der *Ilias* den Göttern vorbehalten, besonders dem Götterpaar Zeus und Hera, die den Stamm der neueren Götter, der sogenannten Olympier, in der göttlichen Weltordnung bilden.

Auch der Erzähler der *Odyssee* geht ähnlich systematisch vor. Odysseus, Penelope und die getreuen Diener und Dienerinnen ihres Hauses erzählen erschöpfend die Geschichte vom Stamm des Odysseus, des berühmten Königsgeschlechtes auf Ithaka. Die Geschichten um den Fall von Troia und die Heimkehrer werden innerhalb des Epos von verschiedenen Personen selbst erfragt. Hinzu kommt eine Fülle von einfallsreichen Abenteuererzählungen im Zusammenhang mit dem Thema Seefahrt, die von Odysseus vorgetragen werden. In beiden Epen finden sich zudem detailgenaue und in sich schlüssige Konzepte von Zeit und Raum und eine ausführliche und detaillierte Beschreibung des kulturellen Schaffens der homerischen Zeit in Handwerk, Technik, Architektur, Landwirtschaft und Seefahrt (vgl. 5.1).

3.3 Die Schriftfassung der homerischen Epen

Der individuelle poetische Charakter der homerischen Epen sowie die Systematik und Genauigkeit des darin enthaltenen Wissens und seiner Vermittlung deuten darauf hin, daß es sich um bereits bei ihrer Entstehung schriftlich verfaßte, intellektuell durchkonzipierte Erzählungen handelt. Man datiert die Schriftfassung der beiden Epen heute in die Zeit kurz vor 650 v. Chr. Dabei erweist sich die *Ilias* als das ältere, die *Odyssee*, die in Teilen vorgibt, die Iliaserzählung zu kommentieren und zu vervollständigen, als das jüngere Werk. Schriftlich verfaßt wurden um diese Zeit – zum Teil vor und zum Teil nach der

Die homerische Tradition

1200 ‹Mykenisch›	Ende der mykenischen Zeit.	Gab es einen troianischen Krieg? Mykenisches Sagengut.
1200–1075 ‹Spätmykenisch›	Mykenischer Wieder-aufbau in kleinerem Rahmen.	
1075–1025 ‹Submykenisch›	Kulturzerfall.	
1025–900 ‹Protogeometrisch›	Lokale kulturelle Aktivitäten. Lefkandi. Verbindungen mit dem östlichen und westlichen Mittelmeerraum.	Verstreutes Sagengut. Erste Spuren der griechischen Helden-sage?
900–750 ‹Früh-, Mittel- bis Hochgeometrisch›	Kulturelle Konsoli-dierung. Handel. Griechen siedeln im Mittelmeerraum. Schrift.	Weiterentwicklung des griechischen Sagen-gutes. Erste Orien-talische Einflüsse. Weitere homerische Tradition.
750–700 ‹Spätgeometrisch›	Zusammenwachsen des Mittelmeerraumes. Griechische Städte-kultur. Kolonisation. ‹Nestorbecher› aus Pithekussai.	Engere homerische Tradition. Entstehen von zusammen-hängenden Sagen-erzählungen: Heraklessage.
700–650 ‹Orientalisierend›	‹Orientalisierende› Epoche Griechenlands. Städte. Politische Institutionen. Schrift. Überlokale Heiligtümer und Feste. Kulturaustausch mit Vorderem Orient (Kunsthandwerk, Literatur). Erste homerische Sagen-bilder.	Schöpfungsmythen. Thebanischer und troischer Sagenkreis. Großepen. Schrift-fassung von *Ilias* und *Odyssee*.

Ilias (zwischen ca. 750 und 500 v. Chr.) – die sogenannten *kykli-*
schen Epen, die einen troischen und einen thebanischen Sagenkreis umfassen. Zum troischen Kreis gehören eine sogenannte
Kleine Ilias und eine *Iliupersis* (die Geschichte von der Einnahme Troias). In den *Kyprien* wird die Vorgeschichte des troischen Krieges geboten, während die *Nosten* die Geschichten der
Heimkehr der Helden von Troia erzählen. Diese Epen sind nur
in einer späteren Zusammenfassung und in einzelnen Zitaten erhalten. Wie *Ilias* und *Odyssee* lassen sie eine Systematik erkennen. Ihr erzählerischer Stil erscheint aber weniger raffiniert; sie
ordnen die Ereignisse in einfacher, linearer zeitlicher Folge. Daher nimmt man an, daß sie, weil poetisch weniger kompliziert,
zum Teil auch schon vor der *Ilias* entstanden sind und dem griechischen Publikum geläufig waren.

Grund für die heutige recht späte Datierung – wie gesagt um
650 v. Chr. – der Schriftfassungen (eine Datierung der *Ilias* um
730 v. Chr. galt freilich lange als Konsens) sind neue Forschun-
gen und auch neue Einstellungen zu alten Fragen. Einen Grund-
pfeiler der Spätdatierung bilden die archäologischen Zeugnisse:
In der griechischen Bildkunst lassen sich vor 630 v. Chr. keine
eindeutig bestimmbaren Darstellungen von Ereignissen aus der
Ilias finden. Auch findet sich ein mit den Epen vergleichbarer
bildlicher Erzählstil, also eine in typische Bilderszenen geglie-
derte Folge von Ereignissen, in der Vasenmalerei nicht vor dieser
Zeit. Ein weiteres Argument für die Spätdatierung läßt sich
aus einem Teil der sogenannten *Orientalia* in den homerischen
Epen, also den aus dem zeitgenössischen Nahen Osten über-
nommenen mythischen und literarischen Motiven, ableiten.

Ein letztes Argument für die Spätdatierung liegt in der Elabo-
riertheit, also dem hohen künstlerischen Entwicklungsgrad der
Schriftfassung selbst. Zwar ging die Homerwissenschaft in älteren Forschungsansätzen bereits davon aus, daß die Epen frühe
schriftliche Werke sein mußten, aber man war sich doch gewiß,
es mit typischen Werken mündlicher Dichtung zu tun zu haben,
die aus der mündlichen Komposition heraus direkt und unver-
ändert niedergeschrieben wurden. Heute jedoch neigt man zu
der Annahme, daß die sehr langen und äußerst dicht kompo-

nierten Epen in dieser Form nicht aus mündlicher Komposition hervorgegangen sein können, sondern daß diese Form bereits mit Hilfe und auf Grundlage der Schrift konzipiert worden ist. Nachdem neben den sogenannten mündlichen Kompositionsformen – das sind z. B. wiederholbare typische Szenen und flexible gleichlautende Satzelemente, die sogenannten epischen Formeln –, die Dichte und Komplexität der Erzählung selbst in das Bewußtsein der Forschung gerückt sind, ist die Frage, wie diese Werke in schriftliche Form gebracht wurden und wie diese Formgebung auch die Komposition der Epen beeinflußt hat, in den Mittelpunkt der Überlegungen gerückt. Zwar gibt es für diese frühe Zeit keine Textvorlagen, die empirische Forschung ermöglichen würden, aber die Überzeugung setzt sich heute durch, daß ein Dichter, der solche Texte schriftlich verfassen konnte, auch auf eine entwickelte literarische Fähigkeit zurückgreifen mußte.

3.4 Die literarische Schriftkultur des Vorderen Orients als Vorbild für die Aufzeichnung der homerischen Epen

Der Blick auf einen anderen kulturhistorischen Hintergrund ist in diesem Zusammenhang unverzichtbar: In Vorderasien und in Ägypten blickte man zu dieser Zeit bereits auf eine mehr als zweitausendjährige Entwicklung schriftlicher Kultur zurück. Im Nahen Osten beispielsweise existierte eine literarische Tradition, die man heute als *altorientalische Bibliothek* bezeichnet. Auch das griechische Alphabet geht auf ein Alphabet zurück, das in den Zusammenhang der altorientalischen literarischen Kultur gehört; es handelt sich um das phönizische Alphabet. Aus ihm wurde wohl in der 1. Hälfte des 8. Jahrhunderts das griechischen System der phonetischen Schriftzeichen entwickelt, das sich ab der 2. Hälfte jenes Jahrhunderts schnell verbreitete. Hinter dieser ‹Erfindung› muß man eine große Übersetzungsleistung vermuten. Die semitische Konsonantenschrift wurde fast vollständig, das heißt soweit diese Konsonanten im Griechischen vorkamen, übernommen; diejenigen Lautwerte aber, für die es in der griechischen Sprache kein Äquivalent gab, wurden umgedeutet, d. h. als Zeichen der für die eindeutige Wiedergabe der indogermanischen Sprache nötigen Vokale eingesetzt. Diesen Transfer konnte nur ein Schreiber leisten, der beide Sprachen kannte. Im Alten Orient aber hat Mehrsprachigkeit und das Verfassen mehrsprachiger Inschriften Tradition.

Schreiben bedeutete im Alten Orient: Ordnen des Wissens und Anordnung und Deutung von Wissen in literarischen Texten. Als Ordner wurden verschiedene Dokumentformen gefunden, am bekanntesten ist die Form der Liste. Aber auch literarische Texte wurden mit Hilfe der Dokumentvorlage geordnet: So boten etwa die Aufteilung eines Textes auf einzelne Schrifttafeln, die Zeilenstruktur der einzelnen Tafeln, besonders die Zeilenanfänge, optische Möglichkeiten, die Einteilung, also die innere Ordnung, des Textes wiederzuerkennen, ohne ihn vollständig lesen zu müssen. Noch ein weiteres interessantes redaktionelles Merkmal erscheint, wenn man die verschiedenen Fassungen ein und desselben Textes vergleicht. Man findet nämlich unterschiedliche Redaktionen, länger oder kürzer ausgeführte Varianten desselben Textes, der dabei aber seine innere Einheit bewahrt. In dem geschriebenen Text, so darf man schließen, gab es unerläßliche Kernsätze, die die inhaltliche Struktur des Textes bewahrten, welche dann auf unterschiedliche Weise bereichert, variiert und auch intellektuell bearbeitet werden konnte. Der Unterschied zwischen einer Textfassung in der mesopotamischen Keilschrift und im griechischen Alphabet ist dennoch immens, so daß man nicht einfach von dem einen auf den anderen Text schließen kann. Doch zeigt der Blick zurück auf die ältere Schreiberpraxis Redaktionstechniken, die auch dem Dichter der *Ilias* etwa geholfen haben können, seinem Text die ihm eigene, dichte innere Struktur zu verleihen, indem er diese Struktur auch optisch nachvollziehen konnte. Vielleicht haben er oder sein Schreiber nach aramäisch-phönizischem Vorbild auf Lederrollen geschrieben, den Text sinnvoll nach einzelnen Schriftrollen unterteilt, nach Anfangssätzen markiert und sogar die Kunst der Textverkürzung und Erweiterung durch Markierung von Kernsätzen beherrscht.

3.5 Eine Bibliothek des Wissens

Die redaktionell schwierige Schriftfassung der *Ilias* ist nicht zeit-gleich mit dem Auftreten des Alphabets im Griechenland des 8. Jahrhunderts zu datieren. Es finden sich aber bereits gegen Ende des 8. Jahrhunderts griechische Inschriften, die eine litera-rische Form aufweisen. Versmaß und Zeilenstruktur sind so aufeinander bezogen, wie sie auch in einem epischen Text vor-stellbar sind. Dennoch ist es gewagt, aus der Schriftfassung ein-zelner Epigramme – kleinerer Versgruppen – darauf zu schlie-ßen, daß deren Autoren bereits die Fähigkeit besessen hätten, auch einen längeren Text schriftlich verfassen zu können. Die Schriftfassung der Großepen – die Ilias umfaßt 15 000 Verszei-len, die *Odyssee* 12 000 – setzt Organisation und Planung vor-aus, und auch einen Interessentenkreis, eine hochentwickelte Gesellschaft, die an einem solchen umfassenden Werk in Schrift-form als zentralem und unveränderbarem Teil ihrer Kultur Interesse hatte.

Hieraus läßt sich eine mögliche Antwort auf die Frage ab-leiten, weshalb die Epen überhaupt in schriftlicher Form abge-faßt worden sind. Vermutlich war es nicht der homerische Dich-ter, der die Schrift gewählt hat, um sein Epos besser komponie-ren zu können. Der Grund für die Schriftfassung läßt sich wohl eher aus der Form und dem Inhalt der Epen ableiten. Sie stellen nicht nur literarische Unterhaltung dar, sondern tragen auch den Charakter von umfassenden Darstellungen, Systematisie-rungen von Mythologie und Katalogisierungen von Wissen. Als schriftlich niedergelegte Werke bieten sie einen Bestand und eine systematische Einteilung von Wissen, ein Äquivalent für eine ‹Bibliothek›. Es wird deutlich, daß diese Präsentation des Wis-sensbestandes das Wissen aller Griechen vorstellt und eine Sy-stematisierung der Götter- und Heldengeschichten auf einem größeren Plan bietet.

Dazu gehört auch ein Plan, der den Raum und die Zeit der historischen Griechen in geographische und chronologische Ka-tegorien einteilt. Die Geschichte der Griechen, ihre historische Zeit, beginnt nach dem Fall Troias, der das Ende einer mythi-

schen Zeit markiert, in der die Götter und dann die Helden der
Griechen geschaffen wurden; danach beginnt als Anfang genea-
logischer Zeitkonstruktionen die Zeit der geschichtlichen Men-
schen. Aus der mythischen Zeit leiteten die späteren Griechen
die verschiedenen Gründungsakte ihrer Kultur ab – den Bau von
Tempeln, die Gründung ihrer Städte und die Einführung ihrer
Rituale und sogar der verschiedenen sportlichen Disziplinen.
Die Helden vor Troia repräsentieren durch die schematisierende
Ost-West-Achse, die die Kampfparteien voneinander trennt,
auch eine geographische Ordnung: Auf der einen Seite stehen
die Griechen (Achäer), auf der anderen Seite die Troer und ihre
Bündnispartner, die allesamt zu den nichtgriechischen Völkern
gehören. Auch deren Mythologie wird, wie die der Lykier –
einem Volk an der Südwestküste Kleinasiens – zum Teil in kultu-
reller Übersetzung in das griechische Schema eingepaßt. Die
Schriftfassung der Epen setzte einen griechischen Gemeinsinn
voraus, eine Distanz zu den einzelnen lokalen Traditionen und
angrenzenden Kulturen, die wohl erst mit dem geschichtlichen
Bewußtsein der griechischen Heiligtümer und Städte des 7. Jahrhunderts zu verbinden ist. Wenn man nach zentralen Institutionen der Griechen sucht, die an der Repräsentation des gemeinsamen Wissens der Griechen Interesse hatten, so stößt man
zuerst auf die großen Heiligtümer in Delphi und Olympia, aber
auch auf kleinasiatische Heiligtümer dieser Zeit, etwa in Ephesos, Milet oder auf Samos, die in der Zusammenschau ihrer
Weihgaben eine ähnliche ‹Internationalität› erkennen lassen.
Heiligtümer hatten in jener Zeit auch die Aufgabe, als Schatz-
häuser zu dienen, also die materiellen und kulturellen Güter
ihrer Gesellschaft, *zu denen auch das Wissen gehörte*, aufzube-
wahren. So soll etwa der frühgriechische Denker Heraklit dem
Heiligtum der Artemis von Ephesos sein eigenes Manuskript gestiftet haben. In dieses geistige und kulturelle Umfeld passen
durchaus die homerischen Epen als eine für die Zeitgenossen
neue, aber erstrebenswerte Form gesammelten und strukturier-
ten Wissens.

Abb. 1

3.6 Wer war Homer?

Der Tradition folgend gibt man dem Dichter von *Ilias* und *Odyssee* den Namen Homer, wobei man nicht genau weiß, ob die beiden Epen von demselben Dichter stammen. Vieles spricht heute für einen *Ilias*-Dichter und einen anderen Dichter der *Odyssee*, wobei es vermutlich mehrere *Odysseen* gegeben hat, so wie auch der Iliasstoff in verschiedenen Bearbeitungen gesammelt worden ist. Woher stammt also dieser Dichtername? Der griechische Name *Homeros* ist bei den athenischen Autoren des 5. Jahrhunderts nicht nur bekannt. Homer wird vielmehr als einer der Begründer der griechischen Religion, als Begründer der Geschichtsschreibung und die Geschichte des troischen Krieges als das erste große Ereignis der griechischen Geschichte angesehen. Auch bildliche Darstellungen von einer Person namens Homer, dem blinden Sänger, wurden zu dieser Zeit geschaffen (Abb. 1). Die Homerlegende spricht von einem blinden Sänger, einem armen Wandersänger und Schulmeister, der im westlichen Kleinasien, vielleicht in Smyrna und auf der Insel Chios, wirkte. Diese sogenannten Biographien sind in verschiedenen Fassungen aus späterer Zeit, etwa ab dem 3. vorchristlichen Jahrhundert, überliefert. Sie müssen in wesentlichen Teilen auf eine Legende zurückgehen, die in der Zeit vor dem 5. Jahrhundert v. Chr. entstand. Zu dieser Zeit gab es Sänger, die den homerischen Text nach einer schriftlichen Vorlage erlernten, auswendig vortrugen und wohl auch erklärten; man nannte diese Sänger *Rhapsoden*. Vielleicht stand Homer, der Iliasdichter, am Anfang einer solchen *Rhapsodentradition* und war der Begründer einer Sängerschule, einer Art Berufsvereinigung, die auf Grundlage des homerischen Textes arbeitete. Da solche Vereine in der Antike nicht selbständig wirkten, ist anzunehmen, daß auch dieser Verein im Zusammenhang mit einer religiösen und gesellschaftlichen Institution stand. Von den *Rhapsoden* ging die Überlieferung einer relativ einheitlichen Textfassung der homerischen Epen aus. Die Epen wurden im 6. Jahrhundert v. Chr. im Zusammenhang mit der Festkultur des griechischen Adels und besonders der Tyrannen – den Alleinherrschern in den zeitgenössischen griechischen Städten – öffentlich vorgetragen, ob nur die wesentlichen Teile daraus oder – eher unwahrscheinlich – der vollständige Text gesungen wurde, wissen wir nicht. Hipparchos, der Sohn des Tyrannen Peisistratos von Athen (ca. 600–528/27 v. Chr.), soll *Rhapsoden* angewiesen haben, die Epen in festgelegter Reihenfolge beim großen Fest der Athene, den Panathenäen, vorzutragen.

4. Die ‹homerische Frage›

Unter der homerischen Frage versteht man die Frage nach der geschichtlichen Herkunft der homerischen Dichtung, also die Frage nach der Tradition mündlichen Sagenerzählens, aus der die Epen hervorgegangen sind. Diese Tradition hat wahrscheinlich mehrere Jahrhunderte zurückgereicht, vielleicht sogar bis zu einem möglichen troianischen Krieg in der Zeit vor 1200 v. Chr., von dem wir aber nichts Sicheres wissen. Die Geschichte dieser in dem Fall bis zu 500 Jahren zurückreichenden Tradition zu schreiben, gehört zu den schwierigsten und umstrittensten wissenschaftlichen Aufgaben, denn es gibt außer den homerischen Epen fast keine schriftlichen Zeugnisse, die direkte Spuren im Zusammenhang mit dieser Tradition nachweisen und veranschaulichen könnten.

4.1 Der homerische Sänger und sein Publikum

Gewiß ist, daß die Dichter von *Ilias* und *Odyssee* auf eine Tradition der frühgriechischen mündlichen Dichtung zurückblickten, die sie und andere Dichter ihrer Zeit sammelten, in schriftliche Form kleideten und dabei inhaltlich und poetisch bearbeiteten. Aus den breiten ‹sagengeschichtlichen› Kenntnissen dieser Dichter läßt sich schließen, daß die Griechen jener Zeit über eine Vielfalt von lokalen Erzählungen über Götter und Helden verfügten, die sie mündlich, also nur mit Hilfe des Gedächtnisses tradierten. Für dieses Gedächtnis wurde in vorhomerischer Tradition auch eine eigentümliche dichterische Sprache entwickelt, eine Sprache epischer Formeln – also flexibel wiederhol- und einsetzbarer Satzelemente, die es den mündlich komponierenden Dichtern ermöglichte, ihren Text beim Sängervortrag nach künstlerischen Regeln aus dem Stegreif zu rezitieren. Solche in homerische Hexameter (aus sechs Versfüßen bestehende epische

Verse) gefaßte Formeln strukturieren wiederholbare Hand-
lungseinheiten, wie etwa die folgenden beiden Formeln den Anfang und das Ende einer Mahlzeit: «*Und sie streckten die Hände
aus nach den bereiten und vorgesetzten Speisen. Und als sie das
Verlangen nach Speise und Trank vertrieben hatten, ...*» (etwa
Il. 9. 221 f.).

Diese engere Tradition mündlicher Sagenerzählung, die eine
poetische Sprache und in dieser Sprache ausgebildete Sänger
voraussetzt, läßt sich aus den homerischen Epen selbst ermitteln. Die Dichter von *Ilias* und *Odyssee* weisen gezielt darauf
hin, daß sie das Sagenerzählen und die dazugehörige Sänger-
zunft als wesentliche Bestandteile ihrer eigenen Zeit betrachten.
Die Dichter beziehen sich im Moment der Schriftfassung der
Sagentradition also auf die ältere mündliche Tradition; sie kommentieren und überarbeiten rückblickend diese Tradition und
geben ihr mit neuen Fragen auch einen neuen Sitz im aktuellen
Leben und schaffen damit Bezüge für ihre eigenen Hörer. Der
Anfang dieser Tradition liegt für sie in einem großen menschlichen Geschehen der Vorzeit – der Zeit vor dem Fall der Mauern Troias, dessen Ruhm von älteren, *göttlichen Sängern* verkündet wurde.

Das Bild des Sängers als Überlieferer von Erinnerung an eine
große Vorzeit gehört zu den mythischen Grundlagen der Sänger-
zunft; das Motiv der Erinnerung gehört aber zu den Elementen
der homerischen Epen, die das epische Geschehen mit leben-
diger Erinnerung, der Betroffenheit, die nur eine zeitgenössische
Erinnerung hervorbringen kann, verbinden. Beides ist also kein
Beweis dafür, daß das erzählte Geschehen wirklich aus alter Zeit
durch eine kontinuierliche Sängertradition überliefert wurde. In
der *Ilias* wissen die Helden selbst, daß man ihren Ruhm in späteren Liedern singen wird, sie spielen damit auf den Sängervortrag und die Gegenwart der späteren Hörer in der Zeit des Iliasdichters an. Helena spricht im 6. Gesang der *Ilias* zu ihrem
neuen Schwager Hektor, der den kriegsmüden Paris bei ihr aufsucht, um ihn auf das Schlachtfeld zurückzubringen; dabei ruft
sie mit folgenden Worten die Erinnerung an die Sage vom *Raub
der Helena* – also ihr eigenes Verhängnis – wach, indem sie an

das Urteil des Paris und das zweischneidige Wirken der Liebesgöttin Aphrodite erinnert, das sie als Frau in eine unmögliche
Situation gebracht und sie darüber hinaus zu einem Kriegsgrund
hat werden lassen: *«Aber auf! Komm herein jetzt und setze dich
hier auf den Sessel, Schwager! Dir ist am meisten Mühsal über
den Sinn gekommen um meiner, der Hündin, willen und des
Alexandros (Paris) Verblendung. Denen Zeus hat auferlegt ein
schlimmes Schicksal, daß wir auch künftig zum Gesange werden
den späteren Menschen!»* (Il. 6. 354–358).

Der Dichter der *Odyssee* steigert diese Betroffenheit der Helden von dem Sagengeschehen, indem er sie beim Hören des Sän-
gervortrages, also der eigenen Geschichte, beschreibt. Hier führt
das durch die Erinnerung hervorgerufene, starke Gefühl dazu,
daß das vergangene Geschehen gegenwärtig wird, denn so wie
die Hörer des epischen Vortrages vor Rührung weinen, so tun es
die Helden der *Odyssee* gleichzeitig auch und werden auf diese
Weise in die Vergangenheit mit hineingerissen. Penelope will im
ersten Gesang der *Odyssee* dem Sänger Phemios verbieten, in
ihrem Haus die neuesten Geschichten von Troia, die Geschichte
der Heimkehrer, zu erzählen, denn sie, die seit neunzehn Jahren
auf die Heimkehr des verschollenen Odysseus wartet, leidet ent-
setzlich unter diesen Liedern. Unter Tränen bittet sie den Sänger,
doch ältere Geschichten *«von Göttern und Helden»* zu erzählen, die ihr das Herz nicht zerreißen und die zur Unterhaltung
der Männer bei der Mahlzeit völlig ausreichen: *«Doch höre mit
diesem Gesange auf, dem traurigen, der mir immer mein Herz in
der Brust zerreibt. Denn es ist über mich am meisten Leid, un-
aufhörliches gekommen: ein solches Haupt muß ich vermissen,
immer seiner gedenkend: das Haupt des Mannes, dessen Ruhm
weit über Hellas reicht …»* (340–344).

Dieselbe Betroffenheit führt Odysseus dazu, den Phäaken
seine wohlgehegte Identität preiszugeben. Alkinoos, der König
der Phäaken, sieht, wie dieser heimlich Tränen vergießt, als
er dem *Lied vom hölzernen Pferd* lauscht, das der Sänger Demodokos den Phäaken vorträgt, und fragt: *«Und sage, was du
weinst und jammerst in dem Gemüte drinnen, wenn du das Unheil der Argeier, der Danaer und das von Ilion hörst!»* (8. 577 f.).

Der Dichter der *Odyssee* spricht hier und an anderen Stellen neben dem Schicksal seines Helden auch direkt die Lieder einer vor ihm liegenden Sängertradition an und nennt deren Themen. Man kann erkennen, daß der troische Sagenkreis bekannt war und daß es verschiedene Lieder gab, die bestimmte Ereignisse wie etwa die Einnahme Troias oder die Heimkehr der griechischen Helden behandelten. Der Dichter spricht ein Publikum an, das diese verschiedenen Lieder kennt und gespannt darauf wartet, wie er selbst nach diesen Vorlagen seine thematische Aufgabe lösen wird und was er wohl *Neues* zum epischen Gesang beizutragen hat. In diesem Sinne antwortet auch Telemachos seiner Mutter, als sie sich über den herzzerreißenden Gesang des Phemios beklagt, nicht der Sänger sei schuld an ihrem Leid, sondern Zeus teile die Leiden zu, die Zuhörer aber wollten Neues hören: «*Denn höher preisen die Menschen stets den Gesang, der ihnen als der neueste zu Ohren kommt*» (Od. 1. 351 f.).

Die Erinnerung an ihren zukünftigen Ruhm hängt für die epischen Personen zuweilen auch mit einem zukünftigen Denkmal, einem *Erinnerungszeichen*, zusammen, das sie in ihren Taten hinterlassen werden (vgl. 6.5), ähnlich wie für den epischen Dichter die Mauer Troias Zeuge für die Wahrheit des Geschehens in der Vergangenheit ist, von dem seine Erzählung handelt. Nachdem der Pfeilschuß des Pandaros im 4. Gesang der *Ilias* Menelaos beinahe tödlich getroffen hat, ist dessen Bruder Agamemnon erschrocken von der historischen Möglichkeit, die aus dieser Begebenheit beinahe entstanden wäre. Nach Menelaos' Tod wäre der Streit um Helena und daher der Krieg um Troia überflüssig geworden und Menelaos' Grabmal hätte später von dem unrühmlichen Abzug des Heerführers Agamemnon erzählt: «*Und mancher wird so reden von den Troern, den übermütigen, springend auf dem Grabhügel des ruhmvollen Menelaos: ‹Wollte doch so bei allem seinen Zorn vollenden Agamemnon, wie er auch jetzt vergeblich hierhergeführt das Heer der Achaier und nun nach Hause ging in das eigene väterliche Land mit leeren Schiffen und hinterlassend den edlen Menelaos!› So wird einst einer sprechen: dann möge sich mir auftun die breite*

Erde!» so stöhnt Agamemnon, indem er sich eine nicht einge-
troffene spätere Erinnerung, die mögliche Erinnerung der Zeitgenossen des Iliasdichters, vorstellt (176–182). An solchen Stellen kann man gut erkennen, daß die homerischen Dichter einen
kunstvollen aktualisierenden Umgang mit der Tradition des epischen Gesanges pflegen. Sie gehen nicht nur aus dieser Tradition
hervor, sondern überblicken sie als einen abgeschlossenen Zusammenhang und heben sie auf eine zweite reflektierende
Ebene, indem sie die handelnden Personen selbst das Zustande-
kommen der Tradition und ihrer Denkmäler, ja sogar das mögliche Abweichen von dieser Tradition kommentieren und vir-
tuelle Denkmäler dafür erfinden lassen. Dieses intellektuelle
Spiel der homerischen Dichter mit ihrer Sagentradition zeigt,
daß man beim Interpretieren nicht alles für bare Münze (das
heißt: als wirklich *alt*) nehmen kann: *Der homerische Dichter
erzählt nicht aus einer langen Erinnerung seines Volkes heraus,
sondern er reflektiert eine ältere Tradition von Sagenerzählungen, erschafft daraus erst Erinnerung und setzt diese in die dazugehörigen alten Denkmäler der griechischen Kulturlandschaft.*

Auch der Beruf des epischen Sängers wird in der *Odyssee*
an mehreren Stellen beschrieben. Die Sänger gehörten zu dem
Stand der wandernden Handwerker und dienten mit ihrer
Kunst in den Häusern der Wohlhabenden, die sie dafür, solange
sie ihrer bedurften, auch ernährten. Dem entspricht, daß das
Haus des Odysseus, ein größeres adeliges Anwesen, den Sänger
Phemios beherbergte, der für die Freier zur Mahlzeit singen
mußte. Auch Agamemnon hatte einst einen Sänger in sein Haus
genommen und ihn beauftragt, seine Gattin Klytaimnestra zu
behüten. Deren Verführer Aigisth schickte den Sänger, auf daß
nichts Böses über ihn und Klytaimnestra verbreitet werde, auf
eine öde Insel, wo der Sänger verhungerte (Od. 3. 267 ff.). Demodokos, der blinde Sänger im Hause des Phäakenkönigs Alkinoos, trägt einen sprechenden Namen: «Der vom Volk Ge-
ehrte». Er singt Heldenlieder vor den tafelnden Würdenträgern
der Phäaken und trägt für das Volk eine Göttergeschichte von
Der Liebe des Ares mit Aphrodite im Haus des Hephaistos auf
dem Markt zum Reigentanz vor (Od. 8. 266 ff.). Demodokos

wird als professioneller Sänger dargestellt, der seine Kunst wie kein anderer beherrscht. Alkinoos spricht von der Ehre und der Ehrfurcht, die dem Sängerberuf zukommen; Odysseus lobt Demodokos mit folgenden Worten: «*Gar nach der Ordnung nämlich singst du das Unheil der Achäer: wieviel sie getan und was sie gelitten haben und wieviel sie ausgestanden, die Achäer, so als wärst du selbst dabeigewesen oder hättest es gehört von einem anderen*» (8. 489–491). Der epische Gesang gehörte in homerischer Zeit zur Bildung der Bessergestellten, die wohl auch über die Kunst des epischen Vortrags wenigstens ansatzweise verfügten. Experten in dieser Kunst aber waren die Sänger, die einem Berufsstand angehörten, innerhalb dessen sie das sprachliche Handwerkszeug des dichterischen Stegreifvortrages lernten. Dabei wurde besonders darauf geachtet, daß der Sänger die treffenden Worte fand, daß seine Erzählung einer stofflichen Anordnung folgte, die bereits vorgegeben war, und daß er seine Erzählung so zu fassen verstand, daß seine Hörer miterlebend, so als hätten sie selbst dem Geschehen beigewohnt, dem Vortrag folgen konnten. Die Sänger der unmittelbaren homerischen Tradition standen nach diesen Zeugnissen im Zentrum der geselligen Kultur, sie sangen zu den festlichen Mahlzeiten der Wohlhabenden und an den öffentlichen Orten zu Festen und Versammlungen des ganzen Volkes. Sie sind durch ihre Kenntnisse des gesamten Sagenrepertoires um Götter und Helden Repräsentanten des Wissens und werden als Autoritäten anerkannt, die auch für göttliche Wahrheit und menschliche Moral einstehen und zu deren Beachtung mahnen.

4.2 Die mündliche Heldendichtung der frühen Griechen

Die homerischen Epen sind das einzige direkte historische Zeugnis für die Frage nach der vorhomerischen Sängertradition. Erweitern lassen sich die Vorstellungen von einer Tradition mündlichen Sagenerzählens vor Homer nur mit Hilfe der Theorie, und zwar einer allgemeinen Theorie, die aus dem Vergleich der mündlichen Dichtung verschiedener Kulturen gewonnen wird. In den 30er Jahren des 20. Jahrhunderts versuchte der Amerikaner Milman Parry die Sprache der aus dem Stegreif rezitierenden *Guslaren* (die nach ihrem Streichinstrument benannten Sänger) der serbo-kroatischen Heldendichtung mit Hilfe des Phonographen aufzuzeichnen und wissenschaftlich zu analysieren. Er fand Übereinstimmungen mit der Sprache der homerischen Dichter: Vor allem die Technik des Wiederholens bestimmter charakterisierender Beiwörter und der durch formelhafte, beliebig wiederholbare Satzeinheiten gestaltete Aufbau bestimmter typischer Szenen – wie etwa die Schilderung des Ablaufs der Rüstung eines Helden oder der eines Zweikampfes – waren beiden Sängertraditionen, wenn auch in verschiedener Ausprägung und Intensität der Anwendung, gemeinsam. Hiermit hatte man den Beweis dafür, daß die homerischen Epen in den Kreis mündlicher Dichtung einzuordnen sind, daß sie neben ihren schriftlichen Kompositionselementen über eine Formelsprache verfügen, die, bevor sie in die schriftliche Form eingeflossen ist, zum Handwerk des mündlichen Dichters gehörte. Die Technik des Komponierens durch Wiederholungen und Formeln ermöglichte es diesem Dichter, eine Geschichte kunstvoll vorzutragen, ohne über einen fixierten Text zu verfügen. Der Blick auf vergleichbare mündliche Dichtersprachen zeigt auch, daß dichterische Formeln, typische Szenen und Beiwörter die Funktionen von Gedächtnisträgern und -stützen übernehmen können.

Wenn man von der Vorstellung ausgeht, daß die homerischen Epen auf eine alte Sagentradition oder gar auf eine längst vergangene Geschichte zurückgehen, so glaubt man, durch die Theorie der mündlichen Dichtung ein sicheres Beweismittel für ein langes geschichtliches Gedächtnis der frühen Griechen gefunden zu haben. Es stellt sich aber die Frage, ob ein solches ‹mündliches›, also nicht schriftgestütztes Gedächtnis, selbst wenn es mit wiederholbaren Formeln arbeitet, in der gleichen Weise wie eine Bibliothek ein materielles, von der Geschichte und ihren Personen unabhängiges Gedächtnis darstellt. Ein in schriftlicher Form überlieferter Text einer vergangenen Zeit stellt eine materielle Überlieferung dar, die auch spätere Menschen beim Lesen wiedererwecken können; erst wenn diese Leser versuchen, den Wortlaut historisch zu verstehen, werden sie auf Schwierigkeiten stoßen und merken, daß sie von der Zeit der Niederschrift des Textes weit entfernt sind und seinen Sinn daher nicht vollständig erfassen können. Ein nicht fixierter Text, der aus der mündlich weitergegebenen Erinnerung lebt, aber muß, um erhalten zu werden, von leibhaftigen Sängern und ihrem Publikum stets neu erzählt werden, und das setzt voraus, daß er in der stets sich verändernden, aktuellen Erzählsituation verstanden wird – daß er also für diese Menschen einen auf ihre Gegenwart bezogenen Sinn hat. Aus diesem Grunde verändert sich mündliche Dichtung stets auch, und mit dem Weitererzählen erhält sie ein jeweils neues geschichtliches Kolorit, das aber mit unserem Begriff von Geschichte als verbürgter, auf gesicherten Fakten beruhender Überlieferung nichts zu tun hat.

Bei seinen Aufzeichnungen mit dem Phonographen begegnete Parry solchen leibhaftigen Sängern und einem an ihren Worten hängenden, interessierten Publikum, d. h. Menschen in einem gesellschaftlichen Verband, die die Art und die Thematik des Vortrags durch ihr zeitgenössisches Hörverhalten prägten: Sie wollten sich in dem vorgetragenen Text wiederfinden. Die Sänger waren ihren eigenen Berichten zufolge stolz darauf, beim Erzählen nicht zu reproduzieren, sondern die Wahrheit des Erlebens, die ihre Hörer von ihnen erwarteten, bei jedem Vortrag *neu* durch Ausschmücken, Anpassen und Erweitern des ihnen zur Verfügung stehenden Erzählstoffs und des recht flexiblen mündlichen Formelmaterials zu treffen.

Die typische Situation für den Sängervortrag, die man in den 30er Jahren des letzten Jahrhunderts auf dem Balkan noch antreffen konnte, paßte für Parry auch gut zum Wesen der Heldengesellschaft, die er in den homerischen Epen vorfand. Beide Erzählungstypen handeln von Ehrverletzungen unter Männern, von Duellen, dem Streit um Frauen, von Frauenehre und Männerruhm. Besonders in den homerischen Epen handelt es sich um eine noch offene Gesellschaft von Männern ohne starre Rangstufen, in der der Konkurrenzkampf einzelner starker Individuen und nicht Tradition oder Herkunft über die soziale Stellung entschied. Dieses Gesellschaftsbild trägt zur Erklärung der sozialen und wirtschaftlichen Verhältnisse im Griechenland des 8. und 9. Jahrhunderts bei.

4.3 Die homerische Tradition im 8. Jahrhundert: der Nestorbecher aus Ischia

Sänger und Hörer einer epischen Tradition im Griechenland des 8. Jahrhunderts haben die spezifische Qualität der homerischen Erzählungen als Erzählungen von Heldenehre, zu denen typische Helden gehörten, geprägt. Auch wenn es vor dieser Zeit in Griechenland schon Sagenerzählungen gegeben hat, so sind diese doch erst damals in der durch ein aktuelles Interesse einer Hörergesellschaft geprägte Form gebracht worden. Genauere Anhaltspunkte für eine solche unmittelbar auf die homerischen Epen hinführende Tradition lassen sich aber nur außerhalb der Epik in der Einschätzung der zeitgenössischen geschichtlichen Verhältnisse finden.

Aus den archäologischen Zeugnissen Griechenlands und der Mittelmeerwelt läßt sich schließen, daß das 8. Jahrhundert im ganzen Mittelmeerraum eine dramatisch fortschreitende Entwicklung hervorbrachte, daß die Kulturen von Vorderasien bis nach Spanien, die sich seit 1200 v. Chr. mehrere Jahrhunderte in einer rezessiven Phase befanden und schwierigste Veränderungsprozesse ihrer Bevölkerungen erlebten, sich zu dieser Zeit wieder erholten oder neu formierten. An vielen Stellen lassen sich in diesem Jahrhundert wieder größere und dichtere Siedlungen als in der vorangehenden Epoche sowie neue Handelsrouten und -niederlassungen finden. Neue politische Konstellationen – etwa die Eroberungsfeldzüge der neuassyrischen Herrscher, die das Ausgreifen der Phönizier in das Mittelmeergebiet auslösten – prägten den Nahen Osten und damit indirekt auch den griechischen Kulturraum.

Besonders deutlich zeigt sich der kulturelle Neuanfang in Griechenland. Die Bevölkerungen der einzelnen Landschaften nehmen an Zahl zu; die Besiedlung wird dichter, die Funde aus jener Epoche werden reicher, die Menschen der Siedlungen einzelner Landschaften kommunizieren miteinander, benennen Versammlungsorte, errichten gemeinsame Heiligtümer, es entstehen größere gemeinschaftliche Strukturen, die über das Haus und die dörfliche Siedlungsgemeinschaft hinausgehen. Einzelne Griechen, schließlich ganze Gruppen suchen Handel treibend ihr Glück in der Mittelmeerwelt; Handelskontakte, Handelsniederlassungen entstehen, schließlich werden griechische Städte in Süditalien und auf Sizilien erbaut. Der Anfang dieser *großen griechischen Kolonisation* datiert um 750 v. Chr. Eine weitere wichtige kulturelle Errungenschaft der Griechen des 8. Jahrhunderts ist, wie gesagt, der Gebrauch der Alphabetschrift, die Anfang des Jahrhunderts im Kontakt mit dem Nahen Osten entwickelt wurde.

Ein für die Verbindung von griechischer Gesellschaftsgeschichte und epischer Tradition wichtiger Fund wurde 1953 auf der Insel Ischia ausgegraben. Es handelt sich um ein Trinkgefäß (Abb. 2), das in dem Grab einer Siedlung auf Pithekussai (dem antiken Ischia) gefunden wurde und das im ostgriechischen Stil verziert ist, wie er etwa auf der Insel Rhodos in der Zeit um 730 v. Chr. in Mode war. Dieser Trinkbecher gehörte einem frühen griechischen Kolonisten, einem Mann, der wahrscheinlich als Händler auf die Insel vor der süditalienischen Küste gezogen ist und der wie viele andere Griechen seiner Zeit außerhalb des griechischen Kerngebietes nach einer Sicherung seiner Existenz oder gar nach Reichtum strebte. Sein Grab befindet sich innerhalb eines Familienbestattungsplatzes, in dessen reich ausgestatteten Gräbern sich Beigaben aus dem griechischen ebenso wie solche aus dem phönizischen Bereich finden. Wohlhabende Männer griechischer und phönizischer Herkunft haben in dieser Siedlung anscheinend eine Art Führungsschicht gebildet. Der soziale Status dieser Männer war nicht durch ihr Herkommen gegeben, sondern mußte erkämpft werden. Ein Sinn für Konkurrenzkampf und Heldentum wird ihnen nicht fremd gewesen sein. Wie das Trinkgefäß als Grabbeigabe zeigt, haben sie wohl auch gemeinsam getafelt, dabei auch den epischen Gesang gepflegt und vielleicht sogar griechisches und orientalisches Sagengut untereinander ausgetauscht.

Abb. 2: *Nestorbecher aus Pithekussai*

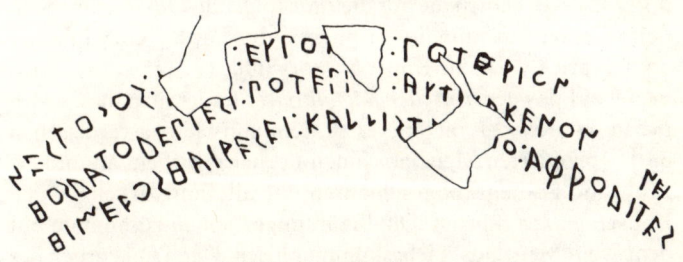

Abb. 3: *Inschrift des Nestorbechers aus Pithekussai*

Die Bedeutung des Trinkbechers für die ‹homerische Frage›
liegt in seiner erstaunlichen Inschrift (Abb. 3). Sie bezieht sich
auf ein typisches episches Motiv um den Helden Nestor, ist im
homerischen Versmaß, dem Hexameter, gefaßt und lautet folgendermaßen:

> «*Des Nestor Becher [...], aus dem läßt sich gut trinken!*
> *Wer nun aus diesem Becher trinkt, den wird sogleich*
> *Verlangen ergreifen nach der schön bekränzten Aphrodite.*»

Es handelt sich offensichtlich um einen Trinkspruch, der an
den Nestor der griechischen Sagentradition erinnern soll. Wir
kennen den Nestor der *Ilias* als den typischen alten Helden, den

ehemaligen Krieger, der, durch Erfahrung weise geworden, als
Ratgeber dient. Seine Kunst der Überredung wird mit dem
Trinkgelage verbunden, sein Attribut ist das Trinkgefäß. In der
Ilias steht Nestors Überredungskunst an zentraler Stelle auf dem
Prüfstand. Bei einem Gelage in seinem Zelt erreicht er das nahe-
zu Unmögliche und pflanzt in Patroklos den Stachel, Achill entweder zur Umkehr zu überreden oder selbst für diesen in die
Schlacht zu ziehen. Im Zentrum dieser Szene steht ein großer
goldverzierter Krater (Mischkrug), der gefüllt mit Wein nur von
Nestor vom Tisch bewegt werden kann (Il. 11. 628–637). Das
ist aber nicht das einzige Mal, daß Nestor in diesem typischen,
durch das Weingefäß symbolisierten Zusammenhang auftritt;
er hat schon früher in Verbindung mit seinem Attribut bei den
Hörern der Sagentradition bereits den sprichwörtlichen Ruf genossen, auf den auch die auf die *Ilias* folgende *Odyssee* anspielt.
Beim Gelage mit Eumaios erinnert Odysseus augenzwinkernd
an die sprichwörtliche Kunst Nestors (Od. 14. 457–512). Auch
in einem Epos des *troischen Sagenkreises* findet man dieses Motiv. In den *Kyprien* bietet Nestor dem von Helena verlassenen
und deprimierten Menelaos einen Becher mit Wein an und erzählt ihm Frauenraubgeschichten, die allesamt zu schaurigen
Konsequenzen führten. Die Erzählungen sollen zusammen mit
dem Wein Menelaos' Liebeskummer lösen. Der Trinkspruch des
Bechers von Pithekussai wiederum spielt auf keines der literarischen Beispiele direkt an, sondern bezieht sich auf eine für eine
breitere epische Tradition typische Kunst Nestors – die Überredungskunst beim Gelage – und dessen äußeres Zeichen, das
Weingeschirr. In dem Hier und Jetzt des Trinkspruchs wird
die ganze Symbolik heraufbeschworen und die naheliegendste
Folge angedeutet: Die Verbindung von Weingenuß und Erotik.
Erotische Verführung, Verführung durch Weingenuß und Verführung durch Rede waren für die Griechen zu gleichen Teilen
die Werke der Liebesgöttin, deren Kunst hinter der Kunst Nestors steht.

4.4 Die vorhomerische Tradition
im 9. und 10. Jahrhundert: der Herrscher
von Lefkandi

Anders als die dichte und überregionale Kultur der *homerischen Zeit* – so nennt man die frühe archaische Epoche Griechenlands zwischen 750 und 650 v. Chr. – zeigen sich die davorliegenden Kulturphasen nur auf einzelne griechische Territorien begrenzt, die untereinander hinsichtlich Reichtum und Lebensformen variieren und die auch unterschiedliche Entwicklungsphasen durchlaufen. Man kann für diese Zeit nicht mehr von einer einheitlichen griechischen Gesellschaft sprechen oder von einem den Griechen gemeinsamen Bewußtsein, einem aus der Volkszugehörigkeit resultierenden griechischen Gemeinschaftsgefühl, ausgehen. Man bezeichnet diese Epoche als *dunkle Jahrhunderte*, weil man für deren Geschichte und Kultur kein klar identifizierbares geschichtliches Subjekt – sei es eine Gesellschaft oder gar eine Nation – benennen kann.

Diese Zeit beginnt im 11. Jahrhundert, also mit der Zerstörung der mykenischen Burgen, und dauert bis zum Anfang des 8. Jahrhunderts an. Sie läßt sich grob in mehrere Phasen unterteilen, die nach der Entwicklung der frühgriechischen Keramik zwischen den *mykenischen* und den *geometrischen* Fundschichten benannt sind (vgl. Tabelle auf S. 33). Diese Benennung folgt der Logik der Archäologen, welche die zeitliche Folge der ausgegrabenen Schichten nach einer Fundgattung datieren, deren Entwicklung sich in allen Fundschichten vergleichen und nachvollziehen läßt. Das ist im vorliegenden Fall die in allen Fundschichten auftauchende bemalte Keramik, die verschiedene Stufen der Entwicklung zeigt. Auf die mykenische Keramik folgt nach einer etwa 50jährigen Unterbrechung in den *submykenischen* Fundschichten ein frühgriechischer Keramikstil, der mykenische Gefäßformen und mykenischen Dekor in Grundformen wiederaufnimmt, aber dabei eine wachsende Tendenz zu geometrischen Formgebungen in Mustern und Zeichnungen entwickelt; bei dieser Tendenz handelt es sich – wie die Verwendung des Zirkels schon in der frühesten *protogeometrischen*

Stilphase dieser Keramik beweist – um einen bewußten künstlerischen Stilwillen (Abb. 4).

Die dem homerischen 8. Jahrhundert unmittelbar vorausgehende Zeit von ca. 900 bis 750 v. Chr. – nach archäologischen Termini die *früh-, mittel und hochgeometrische Zeit* – ist kulturgeschichtlich besonders wichtig, da Griechenland zu dieser Zeit zunehmend in den durch die Phönizier vorangetriebenen Handel im östlichen und westlichen Mittelmeergebiet eingebunden wird. Ausbreitung, Stabilität und Reichtum der Siedlungen Griechenlands schreiten in dieser Zeitphase fort; dieser Vorgang steht in vielen Fällen in Zusammenhang mit solchen Handelskontakten. Es finden sich griechische Siedler in Syrien und erste Siedler im Westen an Italiens südlicher Küste. Die Einführung der Alphabetschrift wird in die Endphase dieser Zeit um ca. 800 v. Chr. datiert. Für eine mündlich tradierte Sagenerzählkunst lassen sich keine direkten Zeugnisse finden. Die intensive Entwicklung des Keramikhandwerks, die sich in der schnellen und konsequenten Entwicklung des geometrischen Stils zeigt (Abb. 5), läßt aber darauf schließen, daß das kulturelle Umfeld dieser Zeit vielleicht auch den Aufstieg handwerklicher Traditionen beförderte und wohl auch die Entwicklung der Sagenerzählung innerhalb eines geschulten Sängerhandwerks ermöglichte.

Den davor liegenden Zeitraum datiert man auf ca. 1025 bis 900 v. Chr., archäologisch befinden wir uns damit in der *protogeometrischen* Kulturphase, das heißt am Anfang der künstlerischen Entwicklung des protogeometrischen Stils. Für diese Zeit hatte man bislang wenig Evidenz für Siedlungsspuren und nahm an, daß die wenig zahlreiche Bevölkerung Griechenlands eine halbnomadische Hirtenlebensweise annahm oder auf der Suche nach neuen Siedlungsgebieten umherwanderte. Die Funde für diesen Zeitraum waren bisher spärlich, Grabbeigaben, Hausstrukturen und Merkmale für Kultpraxis verrieten kaum Kontakte zur Außenwelt. Dieser Eindruck wurde jedoch vor ungefähr zwanzig Jahren durch den spektakulären Fund eines wahrhaft königlichen Begräbnisses in Lefkandi auf Euböa relativiert. Es lag innerhalb eines 45 m langen Hauses, das von einer runden

*Abb. 5: Mittelgeometrische
Amphore*

repräsentativen Apsis – einem Anbau – abgeschlossen wurde. Das Haus, ein offensichtlich herrschaftlicher Bau, war bereits vor dem Begräbnis zwischen 1000 und 950 v. Chr. eingestürzt. In seinem Inneren wurde danach ein Grabhügel, ein sogenannter Tumulus, aufgeschüttet, in dessen Mitte ein Mann und neben ihm eine Frau in einem Grabschacht beigesetzt waren (Abb. 6). Die Leiche des Mannes hatte man verbrannt, seine Asche in ein Tuch eingeschlagen und in einer zypriotischen Bronzeamphora, die selbst schon aus dem 12. Jahrhundert stammte, beigesetzt. Ein ähnlich aufwendiges Brauchtum wird in der *Ilias* für die Bestattung des Patroklos beschrieben: «*Zuerst löschten sie den Scheiterhaufen mit funkelnden Wein, soweit die Flammen hingekommen, und herab fiel tiefe Asche. Und weinend sammelten sie des milden Gefährten weiße Gebeine in eine goldene Schale und in doppeltes Fett und setzten sie in der Hütte nieder, umhüllt mit weichem Leinen. Und sie zogen den Kreis für das Grabmal und legten die Grundsteine um den Scheiterhaufen und schütteten dann gehäufte Erde darüber*» (23. 250–6).

Das Grab der Frau lag neben dem des Mannes. Es scheint sich dabei um die Leiche einer jung verstorbenen Frau zu handeln. Ob sie eines natürlichen Todes gestorben ist oder als Witwe ihrem Mann in den Tod folgen mußte, läßt sich nicht mehr genau ermitteln. Ihr Leichnam wurde unverbrannt und mit viel Schmuck ausgestattet beigesetzt. Sie trug goldenen Haarschmuck, ihre Brüste waren mit runden Platten aus Gold bedeckt; ihre Halskette aus Fayence und Goldperlen gehörte schon zu ihrer Zeit zu den exotischen Antiquitäten, denn sie war in Babylon zur Zeit Hammurabis gefertigt worden. Neben der Grabkammer für den Mann und die Frau befindet sich eine weitere, in der wahrscheinlich vier Pferde bestattet sind. Sie wurden kopfüber in ihr Grab geworfen, nachdem sie das Gespann mit dem Leichnam des Mannes feierlich zu seiner Begräbnisstätte gezogen hatten. Auch dieses Element des Bestattungsbrauches – der Leichenzug – läßt sich in homerischer Zeit, im 8. und 7. Jahrhundert, wiederfinden. Allerdings sind dort Pferdebestattungen nicht üblich, und auch eine vergleichbare Bestattung

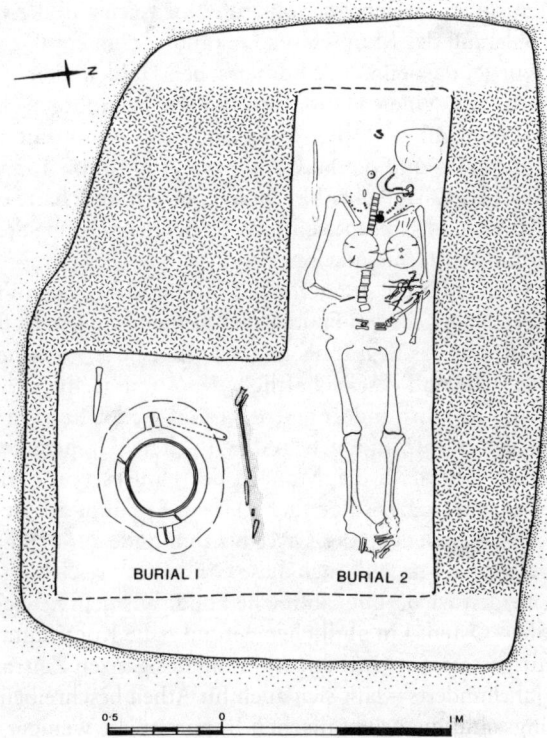

Abb. 6: Grabschacht von Lefkandi

eines Paares findet man in historischer Zeit nicht mehr. Vergleichbare Pferdebestattungen sind allerdings auf Zypern keine Seltenheit; in der dortigen griechischen Siedlung Salamis findet man sie auch in Königsgräbern des 7. Jahrhunderts zusammen mit dem Bestattungsritual, das für den ‹Herrscher› aus Lefkandi ebenso charakteristisch ist wie für den homerischen Patroklos. Die Vergleiche geben mehr Rätsel auf als sie lösen; sie weisen aber vor allem für die Erklärung der Ursache des geradezu königlichen Aufwandes wiederum auf den kulturellen Austausch im östlichen Mittelmeerraum hin: Der Handel, der von der Insel

Euböa ausging, erreichte schon früh Nordsyrien und Zypern. Der Wohlstand des Mannes aus Lefkandi – dem ein Begräbnis zuteil wurde, das jenen der homerischen Helden gleichkam – resultierte aus seinen Handelskontakten mit diesem Gebiet. Dort hat er wohl auch die ‹orientalischen Antiquitäten›, die Bronzeamphora und die Halskette seiner Frau, im Tauschgeschäft oder als Gastgeschenke erhalten. In Lefkandi hatte er vermutlich aufgrund seines Reichtums eine beherrschende Stellung innerhalb seiner Gemeinde inne.

Eine weitere für die ‹homerische Frage› wichtige Schlußfolgerung läßt sich aus diesem Fundzusammenhang ziehen: Es finden sich für die auf das Begräbnis folgende Zeit sichere Zeichen für eine kulturelle und gesellschaftliche Kontinuität, die sich über das gesamt 9. Jahrhundert erstreckt und vielleicht bis an den Anfang des 7. Jahrhunderts reicht. Neben der prunkvollen Grabstätte innerhalb der Mauern des Hauses von Lefkandi wurde in unmittelbar folgender Zeit ein Friedhof angelegt, in dem die Wohlhabenden des Ortes bis zum Ende des 9. Jahrhunderts beigesetzt wurden. Auch diese Gräber sind reich ausgestattet; sie bergen wiederum zahlreiche Funde aus dem benachbarten Nahen Osten. Ein ähnlicher Befund – die Kontinuität von reich ausgestatteten Gräbern während des ganzen Zeitraumes des 9. Jahrhunderts – läßt sich auch für Athen beschreiben; hier allerdings sind die orientalischen Importstücke weniger zahlreich, die Keramik aber um so prächtiger. Auf Kreta wiederum finden sich für das 10. und 9. Jahrhundert schöne und ausgeprägte Beispiele orientalischen Kunsthandwerks. Apsidenhäuser ähnlicher Bauart wie in Lefkandi, aber ohne vergleichbar reiche orientalische Funde, lassen sich in der Zeit zwischen dem 10. und 9. Jahrhundert in Zentralgriechenland und in Messenien nachweisen. Die imposanten Bauwerke dienten der häuslichen Arbeit, landwirtschaftlicher und textiler Produktion, daneben aber auch einer Festkultur und kultisch-religiösem Gebrauch.

Diese regional unterschiedlichen Befunde lassen sich einheitlich als Zeichen eines kulturellen Aufschwungs in den verschiedenen Gebieten deuten; sie zeigen aber auch, daß diese Gebiete je eigenständige kulturelle Zusammenhänge und Traditionen aufbauten. Man muß, wie gesagt, bei dieser Bewertung abstrakt bleiben und vorsichtig sein, da es keine erzählte Geschichte dieser Zeit, also keine authentischen Zeugnisse historischer Persönlichkeiten über ihre Lebensweise gibt. In einem verfeinerten kulturellen Milieu wie in Lefkandi kann man sich aber durchaus auch die Anfänge einer Sängerkultur vorstellen, zumal man diesen Beruf auch in dem benachbarten Orient kannte, zu dem archäologisch nachweisbare Kontakte bestanden. Konkrete Spuren aber hat Lefkandi im epischen Erzählgut der späteren homerischen Zeit nicht hinterlassen.

4.5 Homer, Mykene und Troia

Bleibt noch eine letzte und für viele die wichtigste Frage: Gehen die homerischen Epen auf ein historisches Ereignis einer längst vergangenen Zeit zurück, einen Kriegszug der Griechen (Achäer) gegen die kleinasiatische Stadt Troia, der in der Zeit vor 1200 v. Chr. stattgefunden hat? Enthält also die Sage vom troianischen Krieg einen historischen Kern? Die Überzeugung, daß es sich dabei um eine höchst plausible Annahme handelt, gründet auf der Tatsache, daß die wichtigsten Schauplätze der homerischen Epen und auch die des thebanischen und des troischen Sagenkreises mit Orten und deren mächtigen Mauern verbunden sind, die in der Zeit vor 1200 v. Chr. als Herrschaftssitze eine große Rolle spielten.

Die Überzeugung, daß die homerischen Epen einen historischen Kern enthalten, daß sie eine uralte, noch zu entdeckende Geschichte der alten Griechen verbergen, entwickelte sich im Zusammenhang mit der nationalen Geschichtsschreibung im 19. Jahrhundert. Damals ging man davon aus, daß die Völker ihre eigene frühe Geschichte in der sogenannten *Volkspoesie* selbst unbewußt aufbewahrt hatten, daß also in dem mündlichen Sagengut des jeweiligen Volkes auch die Tatsachen seiner Frühgeschichte überliefert waren. Spuren dieser Protogeschichte ließen sich scheinbar auch in älteren Bodenfunden nachweisen, die man zu dieser Zeit gezielt zu suchen begann. Die neue,

allerdings zunächst noch wenig verfeinerte Methode, unbekannte geschichtliche Tatsachen aus der historischen Kritik des
Sagengutes und aus der Bodenforschung zu ermitteln, führte
auch zu einer Wende in der Homerforschung. Mit der durch
Schliemann initiierten Freilegung und Identifizierung der alten
homerischen Stätten, Mykene und Troia, setzte sich die Überzeugung durch, die authentischen Orte eines historischen Geschehens in der Frühgeschichte der Griechen gefunden zu haben, ein Geschehen, das in seinen wesentlichen Zügen als Krieg
um Troia den historischen Kern der homerischen Epen ausmachen sollte.

Die Historizität der homerischen Epen ist in mehr als hun-
dertjähriger archäologischer Forschung immer wieder über-
prüft, in Frage gestellt und kontrovers diskutiert worden.
Mykene und Troia sind heute nicht mehr die singulären Sagen-
schauplätze der ersten Entdeckungen, sondern gehören in einen
von den Archäologen ermittelten größeren kulturellen Zusammenhang. Aus ‹Mykene› ist seit Schliemann eine frühe griechische Kultur, die *mykenische Kultur* geworden, die in die Zeit
zwischen 1400 und 1200 v. Chr. datiert wird. Durch die Ent-
zifferung der mykenischen Schrifttafeln ließ sich eine Kultur
mit einer eigentümlich ‹ungriechischen› herrschaftlichen Organisationsform erschließen. Die mykenische Schrift, die sogenannte *Linear-B-Schrift*, ist wie die Schriften im benachbarten
Anatolien und Ägypten eine Silbenschrift. Bei den Schrifttafeln
handelt es sich vor allem um Rechts- und Verwaltungstexte einzelner mykenischer Herrschaftszentren, etwa der Burgen von
Mykene und Tiryns, die die wirtschaftliche und herrschaftliche
Organisation des jeweiligen mit dem Zentrum verbundenen
Gebietes betreffen. Die schriftlich geführte Verwaltung bildete
die Grundlage einer zentralistischen Herrschaftsweise, somit
einer *Palastkultur*, die ähnlich wie die aus der königlichen Verwaltung hervorgehenden altorientalischen Herrschaftskulturen
etwa im pharaonischen Ägypten oder im Alten Mesopotamien
organisiert war.

Diese mykenische Herrschaftsweise sowie auch die damit verbundenen Gebietseinteilungen unterscheiden sich beträchtlich

von der Selbstverwaltung der frühgriechischen Städte und der
Gebietseinteilung in homerischer Zeit. Das muß besonders bei
der Betrachtung des homerischen *Schiffskatalogs* bedacht werden, der im 2. Gesang der *Ilias* (484–760) zu finden ist und der
das Schiffskontingent, das die Griechen im Krieg gegen Troia
aufgeboten haben, in einem differenzierten Überblick darbietet
und daher auf den ersten Blick wie eine ‹mykenische› Überlieferung anmutet. Spiegelt der Katalog aber wirklich die herr-
schaftspolitische Landschaft der mykenischen Kultur wider? In
diesem Katalog figurieren zwar an prominenter Stelle die Namen von Orten wie etwa Mykene, Tiryns oder Pylos, an denen
in mykenischer Zeit Herrschaftszentren blühten und in deren
Nähe später, in homerischer Zeit, nur weniger bedeutende Siedlungen entstanden waren. Aufs Ganze gesehen aber trügt der erste Eindruck, denn viele bedeutende Zentren der mykenischen
Kultur – wie etwa Mideia oder Orchomenos – werden nicht genannt oder unterbewertet. Da die archäologischen Funde mykenischer Zeit in ganz Griechenland sehr dicht gestreut sind, ist es
bei anderen Orten wie zum Beispiel Korinth oder Athen nicht
möglich zu entscheiden, ob sie von dem Verfasser des Katalogs
als mykenische oder als frühgriechische Orte – Städte also aus
seiner eigenen Zeit – genannt werden. Eine wirkliche politische
Topographie der mykenischen Epoche, wie sie die mykenischen
Schrifttafeln für einzelne landschaftliche Verwaltungseinheiten
vermitteln, läßt sich in dem homerischen Schiffskatalog mit
Sicherheit nicht ausmachen.

Diese Zweifel an der Historizität der Heeresaufstellung erhär-
ten sich, wenn man auch den Katalog der Verbündeten Troias
untersucht (Il. 2. 816–877) und dort Völkernamen und Herr-
schaftsgebiete erkennt, die – wie die Kultur der Lykier und das
Phrygerreich – eindeutig in die politische und kulturelle Landschaft Kleinasiens des 8. oder gar erst des 7. Jahrhunderts gehören.

Ähnlich steht es mit der einstigen Annahme, daß die in den
homerischen Epen beschriebenen Gegenstände in archäologischen Funden der mykenischen Kultur wiederentdeckt werden
könnten. Diese *mykenischen Antiquitäten* – etwa der Nestor-

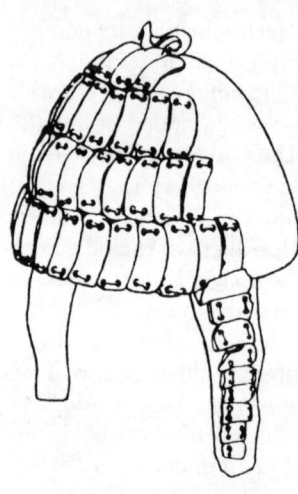

becher, der Eberzahnhelm (Abb. 7), die Bronzewaffen oder der Streitwagen – lassen sich heute nach langer kritischer Diskussion ohne Schwierigkeiten auch als Kulturgegenstände des 1. Jahrtausends identifizieren. Das mykenische Pendant zu dem *Nestorbecher* im 11. Gesang der *Ilias* etwa meinte Schliemann in einem mykenischen Schachtgrab gefunden zu haben (Abb. 8a). Der Vergleich zwischen Text und Artefakt ist trügerisch, wenn man genau in der *Ilias* nachliest: «… *den überaus schönen Becher, den von Hause mitgebracht der Alte, mit goldenen Nägeln beschlagen, und Ohren hatte er vier, und zwei Tauben pickten auf beiden Seiten eines jeden, goldene und zwei Standbeine waren darunter. Jeder andere bewegte ihn mit Mühe vom Tisch, wenn er voll war, Nestor aber, der Alte, hob ihn ohne Mühe. Darin bereitete ihnen eine Mischung von pramneïschen Wein die Frau …*» (632–9). Die *Ilias* beschreibt ein großes Gefäß, in dem der Wein zubereitet wird und das gefüllt nur sehr schwer zu heben ist. Bei dem mykenischen Beispiel aber handelt es sich um einen Trinkpokal, den jeder leicht zum Trinken ansetzen können muß. Genaues Hinsehen zeigt darüber hinaus, daß Falken mit ausgebreiteten Flügeln das mykenische Gefäß zieren (Abb. 8b) und nicht pickende (!) Tauben wie auf dem Gefäß, das

a

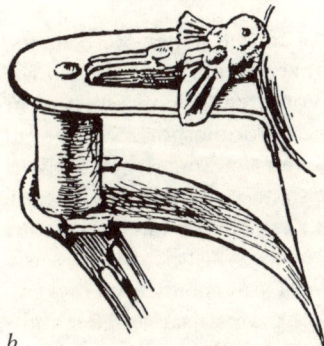

b   *Abb. 8: Mykenischer Nestorbecher*

der Iliasdichter beschreibt. Neben das spontane Identifizieren muß also die systematische Spurensuche treten, das umsichtige Abklopfen eines jeden möglichen Einwandes, das auch bei jeder erfolgreichen Detektivarbeit zur Vermeidung der falschen Fährte obligatorisch ist. Auf diese Weise gelangt man zu dem Ergebnis, daß die homerischen Epen zwar zur Zeit ihrer Komposition noch sichtbare ältere kulturelle Relikte wie etwa die Mauer Troias in den Mittelpunkt ihrer Vergangenheitswelt stellten, daß sie aber im Gegensatz zu den mykenischen Schrifttafeln

keine wirklichen Sachverhalte des historischen Lebens der mykenischen Epoche vermitteln, die sich wiederum durch die
archäologischen Funde bestätigen ließen. Es gibt in den homerischen Epen keine Anhaltspunkte für ein gesichertes Wissen
über die Lebensweise in mykenischen Palästen, den dort herrschenden Ausstattungsluxus oder das höfische Zeremoniell.
Ebenso fehlt eine realistische Vorstellung von der mykenischen
Herrschafts- oder Wirtschaftsweise. Gleichwohl versucht vor
allem der Dichter der *Ilias* den Eindruck zu erwecken, seine
Erzählung spiele in einer längst vergangenen Zeit; auf dieses
Archaisieren des homerischen Dichters werde ich im nächsten
Kapitel (5.1) zurückkommen.

4.6 Sage und Erinnerung:
die Troia-Sage und der troianische Krieg

Die mykenische Kultur oder besser die befestigten Herrschaftssitze der mykenischen Landschaft zeigen um 1200 ebenso wie
die benachbarten Kulturen des Vorderen Orients einen mehr
oder weniger stark ausgeprägten Zerstörungshorizont, der auf
Ereignisse zurückgehen muß, die mit umfangreichen Völkerwanderungen in Zusammenhang standen. Mit diesem Datum,
dem Beginn der *spätmykenischen Zeit*, bleiben auf dem Gebiet
der ehemaligen mykenischen Kultur die schriftlichen Zeugnisse
aus, so daß ein Fortleben der an die Schrift gebundenen mykenischen Herrschafts- und Verwaltungsorganisation gleichfalls
ausgeschlossen ist. Dies bedeutet zugleich, daß auch keine Überlieferung geschichtlicher Ereignisse in schriftlicher Form stattgefunden haben kann, aus der die homerischen Dichter noch
hätten Informationen gewinnen und dichterisch verarbeiten
können. Archäologische Spuren zeigen jedoch ein Nachleben
der mykenischen Kultur in kleinerem Rahmen an. Die Nachkommen der Herrscherschicht der mykenischen Burgen versuchten offensichtlich, in deren Trümmern einen Teil der vormaligen Kultur zu erhalten: Neu erbaute prächtige Häuser,
Wandmalereien und vor allem die *spätmykenische* bemalte Keramik belegen dies eindrücklich. Dieser Versuch, eine kulturelle

Kontinuität ohne den Gebrauch der Schrift und der damit verbundenen herrschaftlichen Verwaltung zu bewahren, ist aber nach den archäologischen Zeugnissen überall bis gegen 1100 v. Chr. gescheitert. Es folgt die *submykenische Zeit,* ein Zeitraum von etwa 50 Jahren. Über diese Zeit erlauben die spärlichen archäologischen Funde keine konkreten kulturgeschichtlichen Aussagen – höchstens jene, daß die Keramikfunde und die Siedlungsspuren auf schwindende Seßhaftigkeit und einen Zerfall handwerklicher Tradition hindeuten. Spätestens in dieser unsicheren Phase, die etwa zwei Generationen währte, wird die lebendige Erinnerung an die Herrschaftskultur der Mykener erloschen sein und mit dem herrschaftlichen Lebensstil sich auch die darin eingebundene Gesellschaft endgültig aufgelöst haben.

Daraus folgt, daß es in den nachmykenischen dunklen Jahrhunderten auch keine gesamtgriechische Adelsgesellschaft mehr gegeben hat, die sich auf ihre Stellung in mykenischer Zeit hätte zurückführen und eine nationale Erinnerung hätte bewahren können. Erst etwa vierhundert Jahre später, in der Zeit, in der die mündliche Tradition, aus der die homerischen Epen hervorgegangen sind, eindeutig nachweisbar ist – im 8. und 7. vorchristlichen Jahrhundert also –, findet man eine solche gesamtgriechische Gesellschaft wieder, die sich aber weder als exklusiver Erbadel definiert noch aus ungebrochener Abkunft von mykenischen Adelsfamilien hervorgeht. Eine geschlossene, bewußt ein gemeinsames Gedächtnis bewahrende griechische Gesellschaft, die als die Trägerin von Erinnerung an ein sie gemeinsam betreffendes geschichtliches Ereignis, nämlich den troianischen Krieg, in Frage käme, läßt sich für die Zeit zwischen Mykene und Homer nicht nachweisen.

Umgekehrt kann man fragen, ob sich in der Troia-Sage selbst Reste von geschichtlichem Aussagewert finden lassen. Der troische Sagenkreis jedoch stellt eine Komposition von Einzelsagen dar, deren Inhalt eindeutig *in den Themenkreis der Mythologie* gehört. Es soll darin kein frühes geschichtliches Ereignis dargestellt, sondern die Frage beantwortet werden, wie das mythische Geschlecht der Heroen durch den troischen Krieg aus-

gelöscht wurde. Für dieses ungeheure Geschehen stehen die
Mauern Troias. Die homerische *Ilias* ist keine Kriegserzählung,
die einen historischen Kriegsverlauf samt seinen Strategien und
Auseinandersetzungen darlegen würde. Es wird nichts Konkre-
tes über die Belagerung der Stadt ausgesagt – im Gegenteil: Eine
Belagerung, wie sie in etwa zeitgenössischen biblischen Ereignissen eindrucksvoll beschrieben wird (beispielsweise der Belagerung von Jerusalem im Jahre 701 v. Chr. im *Zweiten Buch der
Könige* 18–20.2), findet eigentlich nicht statt. Die Bevölkerung
Troias kann im Gegensatz zu einer wirklich unter Belagerung
stehenden Stadtbevölkerung vor ihre Stadttore treten und zum
Beispiel die außen liegenden Brunnen benutzen; niemand leidet
unter der Bedrängnis an Hunger oder in anderer Weise Not.
Der Krieg findet draußen auf einem langgezogenen Schlachtfeld
zwischen zwei befestigten Stätten statt: dem ummauerten Lager
der Achäer und der befestigten Stadt Troia. Will man dieses
Geschehen in ein historisches Ereignis umdeuten, so kommt
man am ehesten auf einen Grenzkrieg zwischen zwei Städten,
den man durchaus in die geschichtlichen Verhältnisse des späten
8. und 7. Jahrhunderts einordnen kann. Eine Parteilichkeit für
die Helden der Griechen oder die der Troer verraten weder *Ilias*
noch *Odyssee* noch die Fragmente des *troischen Sagenkreises*.
Im Mittelpunkt einer griechischen Erinnerung an einen geschichtlichen troianischen Krieg, die sich als nationales Erzählgut über mehrere Jahrhunderte und viele Krisen gehalten hätte,
müßte aber gerade ein solches verbindendes starkes Gefühl –
die Erinnerung an den hart erkämpften Sieg – als treibende
Kraft der Überlieferung gestanden haben. In der *Ilias* stehen die
Helden beider Kriegsparteien indes gemeinsam für eine Art
endzeitliches Ereignis, und zwar den Untergang ihres ganzen
Geschlechtes und damit des heroischen Zeitalters – ein mythi-
sches Ereignis, das, in den Stadtmauern von Troia versinnbild-
licht, gegenwärtig ist. Vermutlich waren die späteren Siedler
in der troischen Landschaft von dem großartigen Monument
so beeindruckt, daß sie die Mauer, über deren geschichtliche
Herkunft sie nichts mehr wußten, zum Götterwerk erklärt haben. Die *Ilias* überliefert eine solche Sage über die göttlichen

Baumeister der Mauer: Apollon und Poseidon waren von einem frühen König der Stadt, Laomedon, angeworben worden, die Mauer zu bauen; er hatte sie dann aber um ihren Lohn betrogen (Il. 21. 443–457) und damit den ersten troischen Krieg ausgelöst.

5. Die homerische Zeit
und die homerische Gesellschaft

5.1 Kann man die homerischen Epen wie Geschichtsbücher lesen? Die Bedeutung der Gegenstände in der homerischen Welt

Unter der homerischen Zeit versteht man heute die historische Zeit der Dichter von *Ilias* und *Odyssee* und der unmittelbar auf sie hinführenden Tradition, also das späte 8. und frühe 7. vorchristliche Jahrhundert. Als literarische Werke, die aus mündlicher Dichtung hervorgegangen sind, tragen die Epen noch die stilistischen Kennzeichen solcher Dichtungen, denn sie sprechen eine gegenständliche und konkrete Sprache; viele Kunstgegenstände und das Handwerk, das sie hervorgebracht hat, werden in den Epen detailreich und eindrucksvoll beschrieben. Heißt das aber, daß man die geschichtliche Welt der homerischen Helden heute in dieser konkreten Welt auch wiederfinden kann?

Bei der Verbindung von Dichtung und historischem Zeithintergrund muß man kritisch und methodisch vorgehen. Es ist naheliegend, den geschichtlichen Hintergrund der homerischen Epen zunächst in der in ihnen erkennbaren materiellen Welt zu suchen. Dabei muß man aber bedenken, daß die homerischen Dichter oder die Sänger vor ihnen keine exakten Historienbilder überliefern wollten. Sie haben nicht so gearbeitet wie etwa ein Dichter eines modernen historischen Romans, der seinem Leserpublikum eine geschichtlich-gesellschaftliche Realität als lebensweltlichen Hintergrund des Romangeschehens vor Augen stellt und die historischen Personen sozusagen in der ihnen eigenen Realität – einem bestimmten historischen kulturellen Milieu und der dazugehörigen zeitgenössischen Stimmung – agieren lassen und betrachten will. In den homerischen Epen findet sich keine vergleichbare realistische Darstellung einer vergangenen Kultur. Es gibt in dem homerischen Geschehen auch keine Jahreszeiten, noch spielt das Wetter – heute ein wichtiger Teil des erzählerischen Naturalismus – irgend eine Rolle. Die Erscheinungen des Wetters haben den Epen zufolge ihre Ursache in Handlungen der Götter und dienen, wie etwa das Donnern des Zeus, als göttliche Zeichen, oder sie gehören zur göttlichen Taktik, in menschlichen Konflikten Nebel verbreitend oder erhellend zugunsten der einen oder der anderen Partei zu wirken. So handelt beispielsweise Zeus, der im folgenden ein Gebet des Aias erhört und flugs als Lenker der Wolken agiert: *«und sogleich zerstreute er den Nebel und stieß hinweg das Gewölk, und die Sonne erstrahlte darüber und die ganze Schlacht wurde sichtbar»* (Il. 17. 649f).

Auch die gegenständliche Welt der Epen wird wie von einer das Geschehen lenkenden Hand, hier der Hand des Dichters, für bestimmte Zwecke in Szene gesetzt. Die ‹Kulisse› der Epen gleicht der eines Theaterstücks und ist in gewissem Sinne austauschbar, denn man kann sie in gewissen Grenzen mit beliebigen kulturellen Hintergründen ausfüllen, ohne daß die eine oder andere Illusion der dichterischen Wahrheit widersprechen würde. Das heißt, man kann sich das homerische Geschehen in dem Ambiente der mykenischen Kultur, etwa in einem rekonstruierten mykenischen Palast vorstellen, aber ebensogut auch in dem Ambiente der Kultur des späten 8. bis 7. Jahrhunderts, ohne daß dies für das Verständnis der Epen zu unauflöslichen Widersprüchen führte. Tatsächlich kann man, wenn man auf Details achtet, sehen, daß der Dichter der *Odyssee*, etwa bei der Darstellung der Anwesen des Phäakenkönigs Alkinoos oder des Odysseus, das freistehende Hallenhaus seiner eigenen Zeit und nicht die kompliziertere Raumstruktur des mykenischen Palastes vor Augen hatte. Doch war es ihm auch gar nicht darum zu tun, Gegenstände aus einer ganz bestimmten kulturgeschichtlichen Epoche zur Ausgestaltung seiner Handlung einzusetzen; ihm kam es vielmehr darauf an, dem heroischen Geschehen ein gewisses altertümliches Kolorit zu unterlegen. So versucht er, den Eindruck, es handele sich um Gegenstände seiner eigenen kulturellen Umwelt, zu verschleiern, indem er gerade nicht auf die Sparsamkeit und Einfachheit seiner zeitgenössischen Kultur abhebt, sondern den Reichtum und den Ausstattungsluxus einer älteren Kulturstufe zu vermitteln, auf der er seine Heldenzeit ansiedelt. Er konstruiert eine eindrucksvoll hohe heroische Kultur in der Vergangenheit gerade dadurch, daß er immer wieder den Unterschied seiner eigenen, kulturell niedriger stehenden Gegenwart zur Größe der Vergangenheit hervorhebt.

Man bezeichnet diesen Charakterzug der homerischen Dichtung als *archaisieren* (etwas altertümlich erscheinen lassen); das heißt, die heroische Zeit der Epen wird mit einem Kolorit ausgestattet, das schon den Zeitgenossen als ‹altertümlich› erschien. Der Iliasdichter läßt seine Helden zwar in den Häusertypen seiner eigenen Zeit leben, läßt aber das heroische Geschehen in den mächtigen Mauern einer bereits vergangenen Welt ablaufen, deren Überreste schon zu seiner Zeit als Götterwerk galten. Auf diese Weise entsteht der Eindruck, daß der Krieg, von dem er erzählt, in einer besonders hochstehenden, einer mythischen Vergangenheit stattgefunden hat. Vergangenheit heißt in den homerischen Epen stets *mythische Steigerung und Vergrößerung der eigenen geschichtlichen Gegenwart* des jeweiligen Dichters. Und genau das spiegelt sich auch in der Beschreibung der materiellen Welt wieder: Das von den Dichtern von *Ilias* und *Odyssee* bewußt unterlegte altertümliche Kolorit erscheint hier besonders in der Betonung des Wertes der Materialien – Gold, Silber und Elfenbein oder glänzende bronzene Waffen stechen aus den homerischen Beschreibungen hervor – und in der Hervorhebung der raffinierten künstlerischen Beschaffenheit der Waffen, Schmuckstücke oder Möbel, die das Ambiente der Helden ausmachen. Außerdem werden diese Gegenstände als alte auf die Götter zurückgehende Erbstücke oder gar als von den Göttern hergestellte Artefakte beschrieben. Diese Besitztümer kennzeichnen die einzelnen Helden und versinnbildlichen dessen ins Heroische gesteigerte Fähigkeiten; man denke etwa an den *Nestorbecher*, den nur der alte Nestor heben, oder an den schweren *Bogen des Odysseus*, den nur dieser selbst spannen konnte. Unterzieht man aber beispielsweise die Beschreibung der Waffen, Schmuckstücke oder die der Möbel in den Epen einer genauen Analyse und sucht nach ihren Entsprechungen unter den archäologischen Funden, so findet man sich in der Annahme bestätigt, daß es zeitgenössische – also dem 8./7. Jahrhundert v. Chr. entstammende – Gegenstände waren, die den Dichtern vor Augen standen. Als Vorbilder dienten besonders Produkte des Kunsthandwerk aus dem Nahen Osten, die in homerischer Zeit verstärkt importiert und auch in dem sogenannten *orientalisierenden* Stil der griechischen Kleinkunst und Vasenmalerei nachempfunden wurden. Gerade weil das künstlerische Niveau der nahöstlichen Handwerkskunst dieser Zeit so hoch war, findet sich sein Reflex in den homerischen Epen und erlangt dort geradezu sprichwörtliche Bedeutung. Kunstvoll hergestelltes Gerät war nicht jedermann verfügbar, es gehörte zum Besitz der besonders Wohlhabenden und fand, von diesen gestiftet, vor allem im Götterkult Verwendung. Die kunstvolle Erscheinung dieser Geräte machte die einfachen Leute staunen: Das Handwerk erschien nachgerade als Götterwerk, und es war leicht, solch erstaunliche Schönheit in dem Gerät einer vergangenen heroischen Zeit zu erblicken. Wenn etwa Thetis, die Mutter Achills, im 18. Gesang der *Ilias* in das Haus des Schmiedegottes Hephaistos tritt, dann betritt mit ihr gemeinsam der moderne Leser einen Raum, in dem er automatisch rollenden Weihgefäßen begegnet, die der Gott gerade hergestellt hat, und gelangt so in die phantastische Welt der Götter; zugleich aber wird er mit der genauen Darstellung der Herstellungstechnik derselben Gefäße vertraut gemacht und mit der Gegenstandswelt der homerischen Wirklichkeit konfrontiert: «*Zu dem Haus des Hephaistos aber kam die silberfüßige Thetis, dem unvergänglichen, bestirnten, hervorstrahlend unter den Unsterblichen, dem ehernen, das er selbst gemacht hatte, der Krummfüßige. Und sie fand ihn, wie er sich schwitzend um die Blasebälge bewegte, geschäftig, denn Dreifüße, zwanzig im ganzen, fertigte er, rings an der Wand zu stehen der guterstellten Halle. Und goldene Räder setzte er einem jeden von ihnen unter den Fuß, daß sie ihm von selbst zum Versammlungsplatz der Götter liefen und wieder ins Haus zurückkehrten, ein Wunder zu schauen. Ja, die waren so weit vollendet, nur die Ohren waren*

*noch nicht angesetzt, die kunstreichen, die fügte er eben an und
schlug die Bänder»* (369–379).

Im Hintergrund der *archaisierenden* Gegenstandsbeschrei-
bungen der homerischen Epen läßt sich auch eine Fülle von konkret beschriebenen Realien, eine Vielfalt von im Kultus verwen-
deten Gegenständen, aber auch Gebrauchsgegenständen wie
Möbeln, Schmuck oder Waffen, dazu Bauten, Monumenten,
Wegen und Orten der Kulturlandschaft finden, die so kenntnis-
und detailreich beschrieben sind, daß der Dichter sie selbst gesehen oder durch Beschreibungen von Augenzeugen gekannt
haben muß. Der Dichter verbindet seine Fähigkeit, anschaulich
und ausführlich von der reichhaltigen Gegenstandwelt und der
griechischen Landschaft seiner Zeit zu berichten, mit der Freude
am Konkreten und dem Stolz des Wissenden, der seine Kenntnisse von lokalen Sitten und Gebräuchen, überregionalen
Lebensweisen und von vielfältigen handwerklichen Techniken
seiner Zeit ausbreiten darf. Die allein aus der Bearbeitung
dieses charakteristischen Merkmals der Dichtung entstandene
Archaeologia Homerica (Archäologie der homerischen Epen)
kann anhand homerischer Zitate genau und differenziert über
Viehzucht, Bodenbewirtschaftung, Schiffsbau und Handel,
Metallhandwerk, Reiten und Fahren und vieles andere mehr berichten. All dies führt wieder eindrucksvoll vor Augen, daß die
homerischen Epen als frühe schriftliche Werke auch Kompen-
dien des zeitgenössischen Wissens darstellten (vgl. 3.5).

5.2 Die Gesellschaft der homerischen Zeit im Spiegel der Epen

Neben dem *Archaisieren* gehört aber auch das *Aktualisieren* zu
den Kennzeichen der homerischen Epen, denn die Beziehung
zwischen dem Sänger und seinen Hörern beruht in der mündlichen Dichtung nicht zuletzt auf aktivem Miterleben (4.2), daher wird die Sagenerzählung beim Sängervortrag stets spannend
und lebensnah geschildert, so daß die Hörer die Welt der Dichtung in ihrer eigenen Gegenwart nacherleben können. Die vom
Sänger beschriebene Welt mußte also starke Bezüge zur Welt sei-

ner Hörer aufweisen; dies war maßgeblich für den Erfolg des Sängervortrags beim Publikum. Kann man dieses Miterleben im Nachhinein noch erschließen, um es für die Frage, wie die Menschen in homerischer Zeit gelebt haben, nutzbar zu machen? Bei der Beantwortung dieser Frage muß man ähnlich vorsichtig vorgehen wie bei der Frage nach der Bedeutung der Gegenstände in den Epen. Die homerischen Epen überliefern keine Lebensbilder ihrer Zeit, sie bieten weder Abbildungen noch Reportagen. Die Dichter von *Ilias* und *Odyssee* erzählen von Heldentaten, die über das einfache Vermögen der Menschen ihrer Zeit weit hinaus gehen. Da aber das Heldenlied auch die Anteilnahme seiner Hörer hervorrufen sollte, mußten diese Heldentaten aus Motiven hervorgehen, die ihrerseits auf Normen und Werten beruhten, die in der Zeit des Dichters aktuell waren und so das Herz der Hörergesellschaft bewegen konnten. Aus der Analyse solcher Motive kann man demnach indirekt einen Einblick in die historische Welt der homerischen Epen gewinnen.

Ilias und *Odyssee* sind in ihren Einzelteilen ursprünglich aus mündlichen Heldendichtungen hervorgegangen und haben mit anderen Dichtungen desselben Genres bestimmte Grundmotive gemeinsam. Zu den gemeinsamen Motiven gehören das Streben nach Ruhm, der Kampf um Macht und Besitz, Konkurrenzkämpfe, schließlich die Neigung zu Jähzorn, Mord und Rache. Diese Motive spiegeln die wenig sozialen Umgangsformen einer instabilen Gesellschaft von Kriegern wider, die wegen ihrer ständigen Rangeleien keinen Frieden finden können und sich daher stets am Rande der Anarchie bewegen. Man kann davon ausgehen, daß die Hörer, die sich als erste an diesen Themen in den Liedern ihrer Sänger ergötzten, zu solchen archetypischen (das heißt urtümlichen) Kriegergesellschaften gehörten, in denen ein derartiges uneingeschränktes persönliches Streben nach Macht und Besitz höhere Wertschätzung genoß als ein solides, auf Dauer und wechselseitiges Vertrauen gegründetes Gemeinschaftsleben.

Die Beschreibung der Motive einer solchen Kriegergesellschaft findet sich auch in den homerischen Epen. Die Dichter

von *Ilias* und *Odyssee* greifen auf bekannte Sagengestalten
zurück, in deren Geschichten das Gewaltmotiv hervorsticht.
Der Iliasdichter etwa verweist auf das seinen Hörern altbe-
kannte Sagenmotiv des *heftigen Zorns der älteren Heroen* und
läßt einen seiner Helden das Beispiel von dem *herzkränkenden
Zorn* des alten Helden und Jägers Meleagros heraufbeschwören
(9. 524–6). Die Gründe für Streit und Kampf liegen in diesen Sagen in persönlichen Ehrverletzungen, die aus dem Kampf um
Besitz oder Vorrechte, gar durch Raub und Betrug, Mord oder
durch Frauenraub und Bruch der Gastfreundschaft entstanden
sind. Patroklos etwa, der Gefährte des Achill, mußte aus seiner
Heimat Opus fliehen, weil er beim Würfelspiel im Zorn den
Sohn des Amphidamas erschlagen hatte (Il. 23. 85 ff.). Andere
Helden sind Opfer von Folgen unterschiedlichster Gewalttaten
geworden, wie zum Beispiel Eumaios, der Schweinehirt des
Odysseus, der einst als Königssohn aus seiner Heimat der Insel
Syria von phönizischen Seeräubern geraubt und als Sklave nach
Ithaka verkauft worden war (Od. 15. 400 ff.). Im Mittelpunkt
all dieser Sagen steht das große Heldenschicksal, das Einzel-
schicksal des auf sich gestellten Individuums in einer unsicheren, rechtlich instabilen Gesellschaft. Der Ursprung dieser kriegerischen und individualistischen Ethik der Heldensage, die von
Macht- und Besitzanspruch einzelner lebt, läßt sich gut auf die
frühen dunklen Jahrhunderte zurückführen und auf vorstaat-
liche Verhältnisse beziehen, in denen die auf Sicherheit angelegten Verkehrsformen einer größeren Gemeinschaft noch nicht
galten und der einzelne – wie etwa der Herrscher von Lefkandi –
auf sich selbst gestellt war (vgl. oben 4.4).

Motive der Versöhnung, der Konfliktvermeidung, des Aus-
gleichs, der Gerechtigkeit und der Rückkehr in sichere soziale
Verhältnisse finden sich dagegen eher in der passiven Hintergrundhandlung der beiden Epen, besonders in der auf reflektie-
rendes Erzählen angelegten *Odyssee* gehört das Motiv der Gerechtigkeit und der Friedensfindung zum Hauptthema und ist
direkt mit dem Thema der Rückkehr des Odysseus nach Ithaka
verbunden (vgl. 5.8). Diese Geisteshaltung, die darauf zielt, das
Leben der Gemeinschaft zu bewahren, hat eine zentrale ethische

Funktion und setzt eine Hörergesellschaft voraus, die sich nicht nur an Erzählungen von Macht und Stärke erbauen, sondern auch moralisch gestärkt sein wollte. Die *Odyssee* präsentiert die Sänger als soziale Institutionen, als Weise, die die Moral des Gemeinschaftslebens vertreten. Die Sänger stehen nicht nur bei den Helden, sondern auch beim Volk in Ehren (4.1); sie singen nicht nur in den Häusern der homerischen Helden, das heißt des Adels der homerischen Zeit, sondern sie singen auch für das Volk auf dem Markt zur Erbauung und zum Tanz. Die Sänger der homerischen Epen sind nicht nur Teil einer Helden- oder Kriegergesellschaft, sondern auch Teil eines städtischen Gemeinschaftslebens.

Die Dichter von *Ilias* und *Odyssee*, also die Urheber der ersten Schriftfassungen der Epen, stehen in einer besonderen geschichtlichen Situation, in einer Umbruchphase der frühen griechischen Geschichte während des späten 8. und frühen 7. Jahrhunderts, als sich das technische Können der Griechen und ihr Wohlstand steigerte, Handwerk und Handel blühten und die Besiedlung Griechenlands dichter wurde. Ergebnis dieses Prozesses war, daß sich größere städtische Gemeinschaften herausbildeten und daß nicht nur das Recht des Einzelnen oder einer kleinen Gruppe von den Mächtigen beachtet, sondern die rechtlichen Verkehrsformen größerer und komplexerer Gemeinschaften beschrieben werden mußten. Die Dichter der homerischen Epen erzählen daher nicht nur Geschichten von den großen Gefühlen und Taten einzelner Helden, sondern ordnen sie in das Gemeinschaftsleben ein – etwa das eines größeren Heerkörpers oder das einer Stadt – und unterziehen sie einer Kritik, die die ersten Grundsätze einer städtischen Gemeinschaftsethik erkennen läßt. Die *Ilias* lebt zwar vom großen Zorn ihres Helden Achill, der trotz seines grausamen Charakterzuges, den selbst die Götter mißbilligen (Il. 24. 39 ff.), als Hauptperson der Erzählung im Zentrum der Heldenbewunderung steht. Der Zorn seines Widersachers Agamemnon hingegen steht nicht in demselben positiven Licht. Agamemnon ist in der *Ilias* der in vieler Hinsicht mangelhafte Herrscher, der *Unglückskönig* der Sage, der selbst von Zeus, dem Gott der *szeptertragenden Könige*, mit

einem falschen Siegestraum betrogen wird und dem darauf
sogar die Versammlung seines großen Heeres die Gefolgschaft
versagt (Il. 2. 1–335). Die Begründung dafür liefert Achill, der in
dem ersten Redestreit der beiden darlegt, daß Agamemnon wesentliche Führungsqualitäten vermissen läßt, weil ihm der Ei-
gennutz wichtiger ist als der Nutzen der Gemeinschaft: «*Wein-
beschwerter! Mit den Augen eines Hundes und dem Herzen
eines Hirsches! Weder zum Kampf dich zu rüsten zugleich mit
dem Volk noch auf eine Lauer zu gehen mit den Besten der
Achaier, hast du jemals gewagt im Mut: das scheint dir der Tod
zu sein! Ist doch viel erträglicher, im breiten Heer der Achaier
Gaben dem abzunehmen, wer immer dir entgegenredet, Volks-
gut verzehrender König!*» (Il. 1. 225–231).

Der Dichter der *Odyssee* wird bei seiner Beschreibung der
Tugenden des Königs noch deutlicher. Über Odysseus Amtsfüh-
rung als König in Ithaka (dieses Amt kann ein Feldherr in einem
großen Heer ebenso inne haben wie einer aus der Führungsschicht in einer Stadt) läßt er Mentor, einen Gefolgsmann des
Odysseus, folgendes zur Volksversammlung der Ithakesier über
den Vermißten und fast schon Vergessenen sagen: «*Hört mich
jetzt, Ithakesier, was ich sage! Da soll hinfort kein szepter-
tragender König mehr von Herzen milde und freundlich sein
noch auch das Rechte in seinem Sinne wissen, nein, immer hart
sein soll er und frevle Dinge üben – wie keiner hier des göttlichen Odysseus gedenkt von den Männern des Volkes, über
die er Herr war, und war so freundlich wie ein Vater*» (Od. 2.
229–234). Neben das Recht des Stärkeren wird hier das Recht
der Gemeinschaft gestellt, das in punkto Fürsorge und Milde
und im Wissen um das Zuteilen des Rechten vom König eine
neue soziale Kompetenz verlangt. Das große gesellschaftliche
Thema im Hintergrund von *Ilias* und *Odyssee* ist also das Verhältnis des Einzelnen zur Gemeinschaft, der Konflikt zwischen
Individualismus und Gemeinschaftsdenken. In diesem Thema
spiegelt sich das Verhältnis einer in den offenen gesellschaftlichen Bedingungen der dunklen Jahrhunderte entstandenen
Aristokratie zu der in homerischer Zeit sich allmählich formie-
renden städtischen Gemeinschaft wider.

5.3 Die frühgriechische *Aristokratie*: der Streit um Besitz und Ehre

Im Mittelpunkt des geschichtswissenschaftlichen Interesses steht seit jeher die homerische Heldengesellschaft, in der man das Gegenbild der frühgriechischen *Aristokratie*, also der ursprünglichen Hörergesellschaft der homerischen Sagentradition sieht. Dieser moderne Begriff ist aus dem Griechischen übernommen und heißt übersetzt einfach ‹Herrschaft der Besten›. Ansätze dieser Begrifflichkeit finden sich schon in der formelhaften homerischen Sprache. So erfahren wir von verschiedenen Personen, besonders aber von den kriegerischen Helden, daß sie vor allem einem Gesetz folgen müssen: In allem, was sie tun, müssen sie die Besten sein. Dazu gehört ein für die homerischen Helden anscheinend altbekannter Formelvers, den auch Nestor deklamiert, um Achill durch Patroklos, zu dem er an dieser Stelle spricht, auf den rechten Weg zurückzuführen: «*Peleus, der Alte, trug seinem Sohn auf, dem Achilleus: ‹Immer der Beste zu sein und überlegen zu sein den anderen›*» (Il. 11. 783 f.).

«*Ich lernte, immer ein Edler zu sein, und unter den vordersten Troern zu kämpfen*», so begründet auch Hektor, durch Hinweis auf seine Erziehung, vor seiner Frau Andromache, warum er trotz ihrer schweren Bedenken in den Kampf ziehen muß (Il. 6. 441 f.). Der Superlativ ‹aristos› (der Beste, Trefflichste, Tüchtigste) begegnet häufig in den homerischen Epen, denn ein jeder – der Handwerker, der Seher oder der Sänger – gibt sein Bestes, besonders aber der Krieger im Kampf. Der Begriff bezeichnet daher Tapferkeit, Tüchtigkeit im Streiten und sogar im Zanken, aber auch Vornehmheit und Macht. Dieses Begriffsfeld hat nichts mit dem heutigen, daraus abgeleiteten Gesellschaftsbegriff gemein. Zu den *Besten* (dem frühgriechischen Adel) gehörte man nicht, weil man in einen exklusiven Kreis hineingeboren und so einer langen Tradition, die Besitz, Kultur und das historische Gedächtnis einzelner Familien umfaßte, teilhaftig wurde, sondern durch ständige Bewährung. Abstammung bedeutete, einen Vater oder Vorvater nennen zu können, der sich in diesem gesellschaftlichen Wettbewerb hervorgetan und

Ruhm erlangt hatte. Exklusivität bedeutete eine solche Abstammung nicht, denn in der frühen, lokal gebundenen und unübersichtlichen griechischen Gesellschaft der dunklen Jahrhunderte konnte der Wettbewerb stets auch neue Sieger und neuen Ruhm hervorbringen.

Der erste Gesang der *Ilias* führt eine Konfliktsituation vor, in der man die Merkmale der frühen, ungeordneten gesellschaftlichen Situation Griechenlands, in der allein das Recht des Stärkeren herrschte, noch erkennen kann. Achill und Agamemnon streiten über eine menschliche Beute, in deren Besitz sie an der kleinasiatischen Küste gekommen waren. Der Heerführer Agamemnon hatte nach erfolgreichem Raubzug im kleinasiatischen Chryse die gleichnamige Tochter des dortigen Apollonpriesters bei der Verteilung der Beute als Ehrgeschenk gewonnen, mußte sie aber zurückgeben, nachdem ihr Vater mit Hilfe des Gottes die Pest über das Heereslager der Griechen gebracht hatte. Zur Kompensation forderte Agamemnon nun umgekehrt Achills Ehrgeschenk, die junge Sklavin Briseis, die, aus dem kleinasiatischen Lyrnessos geraubt, als Ehrgeschenk an Achill ging und in dessen Lager gute Dienste verrichtete. Der aus dieser Konfliktsituation entstehende Streit geht nun um Besitz und Ehre. Achill wirft Agamemnon Habgier vor, er nehme immer den größten Teil der Kriegsbeute für sich, von einer Ordnung des Verteilens habe er aber noch nichts gehört. Die Verteilung des geraubten Gutes geschieht nach der Rangordnung der Krieger – man nennt diese daher auch *Statuskrieger* –; Verteilen bedeutet aber zugleich Anerkennen der Ehre, die dem anderen zusteht. Jedem Helden kommt das Gut zu, das seiner Tüchtigkeit, d. h. seiner Kampfkraft entspricht. Achills persönliche Ehre als eindeutig *Bester* unter den Kämpfern vor Troia wird durch Agamemnons Habgier herabgesetzt, und er droht, in seine Heimat zurückzukehren: «... *und nicht denke ich, dir hier, ohne Ehre, Besitz und Reichtum anzuhäufen!*» (Il. 1. 170 f.).

So beschrieben, haben wir die Gesetze eines archetypischen Kriegeradels vor uns. Es handelt sich um eine durch einen Krieg oder besser einen Raubzug zusammengebrachte Gemeinschaft von Männern, deren Status vor allem durch ihre Kampfkraft be-

stimmt wird. Die zeitlich begrenzte Gemeinschaft besteht aus relativ unabhängigen starken Individuen und wird durch ein labi-
les Kräfteverhältnis und starkes Besitzstreben – hier dem Streben nach Kriegsbeute – in Gang gehalten. Der durch Kampfkraft und Besitzerwerb erzielte Rang in diesem Kräfteverhältnis
aber bedeutet höchste Ehre; der ständige Konkurrenzkampf unter Männern führt zu empfindlichen Ehrverletzungen, Beleidi-
gungen zu Zornausbrüchen und Rachegedanken. Gerade der
angefachte Zorn, so eine Erfahrung dieser Gesellschaft, gibt die
nötige Kraft, den Gegner zu besiegen. Noch in der *Odyssee* sehen wir die Göttin Athene, wie sie vor dem Kampf des Odysseus
mit den Freiern deren beleidigendes Verhalten schürt, um den
Zorn des Helden anzuheizen und ihn unbesiegbar zu machen:
«*Doch ließ Athene die mannhaften Freier sich ganz und gar
nicht des herzkränkenden Schimpfes enthalten, damit die Erbit-
terung noch tiefer in das Herz des Laertes-Sohnes Odysseus
tauchte*» (Od. 20. 284 ff.).

5.4 Raubzüge und Handel: der Blick der Nachbarn auf die frühen Griechen

Läßt sich dieses aus der Literatur gewonnene Bild der frühen
griechischen Gesellschaft auch historisch verankern? Ein Blick
von außen auf die Griechen dieser Zeit hilft in dieser Frage
weiter: Im Jahre 730 v. Chr. schrieb ein assyrischer Beamter aus
dem Verwaltungsdistrikt von Tyros und Sidon an seinen König,
Tiglatpileser III., nach Nimrud über eine Begegnung mit den
Griechen, die die Assyrer *Ionier* nannten: «*... Die Ionier sind
erschienen und haben die Städte ... angegriffen. Ein Reiter hat
es mir gemeldet und ich zog mit regulären Soldaten und einge-
schriebenen Rekruten gegen sie. Sie konnten nichts mitnehmen.
Sobald sie meine Soldaten sahen, flohen sie auf ihre Schiffe. In-
mitten der See sind sie verschwunden ...*» Iaman (hebr. *yawan*)
nennen die Orientalen nach dem griechischen Ioniernamen das
Land der Griechen. Diese Griechen erscheinen in diesem Brief
nicht als unbekannte Plünderer vor der syrischen Küste, sondern sie scheinen in dieser Rolle damals für die Städte der Küste

ein bekanntes und wiederkehrendes Phänomen darzustellen, gegen das bei dem assyrischen Beamten um Schutz gebeten wird.

Anders als die homerischen Epen, besonders die *Odyssee*, es glauben machen wollen, waren nicht nur die benachbarten Phönizier «*Räuber des Meeres*», wie die Dichter diese nennen, sondern auch die Griechen selbst sind dieser Profession nachgegangen. Die oben beschriebene kriegerische Männergesellschaft läßt sich durchaus als Personal solcher Raubzüge vorstellen. Bekannt ist auch, daß die Phönizier gegen Ende des 10. Jahrhunderts die Mittelmeerwelt zu befahren begannen und daß die frühesten orientalischen Funde auf dem griechischen Festland schon in dieser frühen Periode auszumachen sind, etwa auf Euböa und auf Kreta; diese Gegenstände können teilweise aus Plünderungen an fremden Küsten stammen, wie sie der assyrische Beamte beschreibt. Heute wird angenommen, daß die Griechen schon vor der Zeit der *großen Kolonisation* im Mittelmeerraum Handel und Raub betrieben und das Mittelmeer auf den Spuren der Phönizier befuhren. Bei dieser Erschließung der Mittelmeerwelt waren kriegerisches Unternehmertum und Händlerwesen miteinander verbunden, das illustrieren auch die Phöniziergeschichten der *Odyssee* (vgl. Od. 14. 285 ff.; 15. 415 ff.). Die Gesellschaft der Plünderer stellt sich vor diesem Hintergrund nicht mehr nur als flüchtiges Phänomen dar, sondern als eine den Lebensverhältnissen adäquate gemeinschaftliche Organisationsform in einem solchen grenzüberschreitenden Kontext. Auch die griechischen Krieger, die hinter den homerischen Helden hervorscheinen, werden durch Raub und Handel miteinander verbunden gewesen sein. Die frühe griechische Gesellschaft war nicht nur eine Gesellschaft seßhafter Bauern und halbseßhafter Hirten, sondern man wird sich einen Teil ihrer Mitglieder engagiert in diesen auswärtigen Unternehmungen zu denken haben: sie brachten Güter in ihr Land, die den Wert der einheimischen Land- und Weidewirtschaft weit übertrafen und ihren Besitzern zu gesteigerter Macht und hohem Ansehen verhalfen. Auch Athene schlüpft im ersten Gesang der *Odyssee* bei ihrem Erscheinen auf Ithaka in die Gestalt eines solchen Mannes, Mentes, des Herrschers über die Taphier, der mit

Schiff und Mannschaft auf dem Wege nach Temesa in Syrien ist,
um Eisen für Kupfer einzutauschen (Od. 1. 180 ff.).

Neue Funde belegen, daß dieser phönizisch-griechische Kontext kulturbildend gewirkt hat. Der bereits erwähnte *Nestorbecher* von der Insel Ischia (Abb. 2) stammt aus einer Siedlung,
in der sowohl griechische als auch phönizische Händler lebten
(4.3), die die ‹Gesellschaft› dieses Ortes bildeten. Diese Kolonisten beider Kulturkreise gehörten keiner typischen Händlerklasse an, sondern formten eine mobile unternehmerische und
sogar zweisprachige Oberschicht, die auch eine gemeinsame
gesellschaftliche Lebensart hervorbrachte, zu der auch ein
gewisser Tafelluxus gehörte. Davon kündet beispielsweise die
sich um den *Nestorbecher* im 11. Gesang der *Ilias* entfaltende
Mahlzeitszene. Hekamede, die Dienerin des Nestor (auch sie
wie Chryse ein Ehrgeschenk), bereitet in dem Gefäß ein wahrhaftes Feinschmeckergetränk zu, und zwar «*von pramneïschem
Wein, und rieb Ziegenkäse darüber auf einer Reibe von Erz
und streute darauf weiße Gerste*» (Il. 11. 639 f.). Käsereiben
aus Bronze wurden von den Archäologen auf dem Gräberareal
in Lefkandi in drei Kriegergräbern aus dem 9. Jahrhundert gefunden. Auf Ischia findet man sie aus Bronze und sogar aus Silber mehrfach in Zusammenhängen aus dem 7. Jahrhundert. Die
Verbreitung dieses Gegenstandes läßt sich in dieser Zeit sogar
bis nach Etrurien hinauf verfolgen; auch hier findet sich die
Reibe in Männergräbern der Oberschicht. Man kann daraus
schließen, daß eine vorkoloniale Männergesellschaft der verschiedenen Mittelmeerregionen sich in Speisegemeinschaften
zusammenfand und dort erste, in wohlverstandenem Sinne
‹internationale› aristokratische Zeremonien pflegte. Unverzichtbar für solche Treffen waren das Zeremoniell der Mahlzeit an
sich, zudem das erforderliche Mobiliar und Geschirr, das bald
einer besonderen *orientalisierenden* Mode folgte, und nicht zuletzt auch das Rezept für die schmackhafte Weinzubereitung sowie das dafür nötige Küchengerät.

5.5 Die Heeresgemeinschaft
und die Zivilisierung von Konflikten

Die Haupthandlung der *Ilias* wird durch die mörderischen
Zweikämpfe der Helden geprägt, die *Aristien* (die Bewährung
des Besten) etwa des Diomedes im 5. Gesang, des Agamemnon
im 11. Gesang und des Menelaos im 17. Gesang. Die eigentliche
Kriegshandlung, das wechselseitige Voranschreiten der feindlichen Heere, findet dagegen im Hintergrund der Heldenhandlung statt. Das große Heer der Achäer aber hat eine ganz andere
Struktur als die gerade beschriebene fast anarchische Gruppe
von Kriegern auf Raubzügen. Es besteht aus einzelnen Heeren,
die den großen Helden als ihren Heerführern folgen, wie etwa
die Myrmidonen dem Achill; diese Heere sind nicht aus kämpfe-
rischen und konkurrierenden Individuen zusammengesetzt, sondern sie bilden ebenso wie das Troerheer eine durch eine gemeinsame Aufgabe gegebene Heeresgemeinschaft. Diese Heere
agieren in einer bestimmten Ordnung, in der man die typische
Heeresordnung der frühgriechischen Städte erkennen kann. In
der sogenannten *Hoplitenphalanx,* deren Ausbildung in das
2. Drittel des 7. Jahrhunderts fällt – einen zuverlässigen Beleg
haben wir erst für die Zeit um 630 – schützt der eine schwer ge-
rüstete Fußsoldat den anderen, neben ihm marschierenden mit
seinem runden Schild. Im folgenden Zitat, das auf die Rede des
Achill an sein Heer, die Myrmidonen, im 16. Gesang der *Ilias*
folgt, beschreibt der Dichter diese Heeresanordnung mit einem
Gleichnis: «*… stärker fügten zusammen sich die Reihen, als sie
den König hörten. Und wie wenn ein Mann eine Mauer fügt mit
dichten Steinen eines hohen Hauses, die Gewalten der Winde
abzuwehren: So fügten sich aneinander die Helme und Schilde,
die gebuckelten. Schild drängte den Schild, Helm Helm und
Mann den Mann, und es berührten einander roßmähnige Helme
mit glänzenden Bügeln, wenn sie nickten, so dicht standen sie
aneinander*» (211–17).
Das Hoplitenheer ist eine Hervorbringung der frühgriechischen Städte – ein Bürgerheer, das sich aus allen wehrhaften
Männern der Stadt zusammensetzt, die wohlhabend genug sind,

sich selbst bewaffnen zu können. Diese Heere ziehen gewöhnlich nicht aus Kampfes- oder Beutelust in den Krieg, sondern sie müssen für die gemeinsame Aufgabe von ihren Anführern erst motiviert werden. Das Heer dient in erster Linie dem Schutz der eigenen Stadt gegen einen feindlichen Angriff, zur Verteidigung oder auch Ausweitung gemeinschaftlicher Ansprüche (5.8). Die Männer des Heeres vertreten als Bürger der Stadt also das Sicherheitsbedürfnis ihrer Gemeinschaft, mit dem ihr eigenes und das ihres Hauses existentiell verknüpft ist. Sogar Achills Myrmidonen wollen lieber in ihre Heimat, ihre Häuser und zu ihren Familien zurückkehren als dem Kampf vor Troia zum Opfer zu fallen und kritisieren daher die Gewaltsucht ihres Herrn (16. 203 ff.), der sie erst motivieren muß, für das gemeinsame Wohl der Achäer mit Patroklos auf das Schlachtfeld zu ziehen. Aus dieser Perspektive betrachtet ist die *Ilias* nicht nur ein grandioses Kriegslied, sondern auch eine wahre Fundgrube für pazifistische Argumente. Wird doch der Krieg von der Masse des Heeres als ein Übel, als männermordend, schrecklich und allem Menschlichen feindselig empfunden (etwa Il. 4. 82 ff.). Der unsichere, wechselnde Verlauf des Krieges wird durch den Kriegsgott Ares verkörpert, der selbst Zeus wegen seiner Streitsucht verhaßt ist (Il. 5. 889 ff.). – Ein Krieg sollte möglichst durch Verhandlungen und Verträge vermieden werden. Daher freuen sich die Männer in beiden Heeren vor Troia, daß ihre Heerführer Agamemnon und Hektor einsehen, daß ihnen Freundschaft und verläßliche Verträge nützlicher sind als der Krieg und übereinkommen, daß ein Zweikampf zwischen Menelaos – den um Helena betrogenen Gatten – und Paris – dem Verführer – den Kriegsgrund aus der Welt schaffen soll: «*Da freuten sich die Achäer und Troer, hoffend ein Ende zu machen mit dem jammervollen Krieg*» (Il. 3. 111 f.). Die Helden und Heerführer sind sich ihrer Verpflichtung gegenüber der ihnen anvertrauten Gemeinschaft bewußt. Gemeinschaftliches Leben bedarf des Friedens und damit geregelter Formen, Konflikte zu bereinigen. Das gilt in erster Linie für die Führungsschicht, deren Streitereien politische (das heißt die ganze Stadt betreffende) Konsequenzen haben. Der gesellschaftlich anerkannte Zweikampf, das Duell, gehört zu einer solchen geregelten Form der Konfliktbereinigung, der zugleich den Protagonisten ein Forum für die Darstellung der eigenen Tugenden vor dem Volk bietet. Paris, der sich aus der Sicht der Sterblichen (denn nur der Dichter und die Götter wissen, daß Aphrodite ihn aus dem Kampf entführt hat) aus dem Kampf mit Menelaos davonstiehlt und plötzlich verschwunden ist, trifft umgekehrt der ganze Haß des Troerheeres: «*Doch keiner vermochte von den Troern und den berühmten Verbündeten, den Paris damals zu zeigen dem aresgeliebten Menelaos. Denn wirklich, nicht aus Freundschaft hätten sie ihn verborgen, wenn einer ihn sah, denn ihnen allen war er verhaßt gleich der schwarzen Todesgöttin*» (3. 451–4).

5.6 Der sportliche Wettkampf
und die öffentliche Darstellung aristokratischer Tugenden

Der Kampf um die Ehre unter Männern kann auch noch innerhalb eines anderen durch Spielregeln regulierten Kampfes stattfinden – dem sportlichen Wettstreit um einen Preis: er bietet zugleich das beste öffentliche Forum für den Sieger und ermöglicht ihm, eine Anhängerschaft im Publikum zu gewinnen. In der *Ilias* ruft Achill solche Wettkämpfe zu Ehren des toten Patroklos aus (23. 257–897). Vor dem versammelten Heer als Zeugen – im Frieden wäre es die Versammlung des Volkes gewesen – stellt er die Kampfpreise vor, die er für die Sieger stiftet: Dreifüße und Kessel aus Metall, Maultiere, Pferde und Rinder, Frauen und grauschimmerndes Eisen. Die Kampfspiele beginnen mit einem Wagenrennen, es folgen der Faustkampf, der Ringkampf, der Wettlauf, der Zweikampf in Waffen. Diskuswerfen, Bogenschießen und Speerwerfen beschließen den Wettkampf.

Die lebendig geschilderte Darstellung des Wagenrennens aber steht im Mittelpunkt der Erzählung. Dem Dichter gelingt eine authentisch anmutende Schilderung des Spannungsverlaufs des Rennens und seiner Übertragung auf die Zuschauer, die nicht die ganze Rennstrecke übersehen können und daher

Abb. 9: Sophilos-Scherbe «Wettspiele»

dem Erscheinen des in Front liegenden Gefährtes untereinander streitend entgegenfiebern (448 ff.). Sophilos, ein attischer
Vasenmaler aus dem frühen 6. Jahrhundert war von der Szene
so begeistert, daß er sie bildlich reproduzierte und *«die Wettspiele des Patroklos»* darüber schrieb (Abb. 9). Der Dichter der
Ilias gestaltete seine Erzählung spannender als mancher Sport-
reporter der Gegenwart; es liegt nahe, daß seine Kunst von
zeitgenössischen Wettkampfberichten geprägt worden ist. Auf
jeden Fall liegt der Schilderung wirkliches Wettkampfgesche-
hen zugrunde, das sich in den aus späterer Zeit bekannten
Festspielen in großen Heiligtümern etwa in Olympia noch
widerspiegelt. Die Sieger dieser Wettspiele gewannen nicht nur
Ruhm für sich selbst, sondern, wie man Weihinschriften ent-
nehmen kann, auch Ruhm für ihre Heimatstadt, die sich umgekehrt mit ‹ihrem Sieger› als gesellschaftlichem Vorbild identifizieren konnte.

Zu den Athleten des homerischen Wagenrennens gehören gestandene Helden wie der Favorit in dieser Disziplin, Eumelos (er hatte sich schon vorher in der Fahrkunst hervorgetan), Diomedes (der mit Hilfe der Göttin Athene gewinnen wird), Menelaos und Meriones, aber auch der junge Antilochos, der Sohn Nestors (301 ff.). Auf die Darstellung der Klugheit des Antilochos scheint es der Dichter besonders abgesehen zu haben. Bei den Rennvorbereitungen tritt Nestor dem Sohn mit gutem Rat zur Seite, fast wie ein moderner Coach. Seine Pferde seien zwar etwas langsamer als die der anderen, aber besseren Rat wüßten auch diese nicht. Die Stärke des Wagenlenkers liegt nicht nur in der Kraft, sondern auch in der klugen Berechnung, besonders bei der Führung des Wagens in angemessener Kurve um die Wendemarke. *«Durch Klugheit ist dir der Holzfäller weit besser als durch Stärke, durch Klugheit lenkt der Steuermann in dem weinfarbenen Meer gerade das schnelle Schiff, umhergeschleudert von den Winden. Durch Klugheit übertrifft der Wagenlenker den Wagenlenker»* (315 ff.). Nestor weist seinen Sohn darauf hin, daß Stärke auch in der Klugheit liegen kann, und Klugheit heißt sich auf Technik besinnen, wie es auch der Handwerker, der Steuermann und überhaupt ein jeder, der einem Beruf nachgeht, tut. Damit spricht er deutlich städtische im Gegensatz zu kriegerischen Tugenden an. Sich zurücknehmen und auf die beste Lösung besinnen, ist eine andere Form des Durchsetzungsvermögens als die Steigerung des Zorns, die Notwendigkeit, wütend zu sein, um zu gewinnen, die zu dem Einzelkämpfer gehört.

Während Eumelos, der Favorit, hoffnungslos aus dem Rennen geschlagen wird und statt dessen Diomedes unangefochten den Sieg erringt, entsteht dann tatsächlich ein Zweikampf zwischen Menelaos und dem jungen Antilochos (401 ff.). In einer Wegenge gelingt diesem ein verwegenes Überholmanöver; zu Hilfe kommen ihm die Zuversicht und der Wagemut seiner Jugend – und nicht zuletzt Nestors kluge Anweisungen. Durch List und nicht durch Schnelligkeit ist er dem Menelaos zuvorgekommen. Menelaos ist zutiefst gekränkt und versteht die Welt nicht mehr. Er glaubt, Antilochos habe ihm, der die schnelleren

Pferde führte, durch Trug ein Unrecht angetan und reklamiert den Kampfpreis für den zweiten Platz – nach Diomedes – für sich selbst. Wieder löst Antilochos klug die Konfliktsituation, denn er verkneift sich die aufbrausende Widerrede und weist diplomatisch auf die Schwächen seiner Jugend hin: *«Halte ein jetzt! Denn um vieles jünger bin ich als du, Herrscher Menelaos! Du aber bist der Ältere und Bessere. Du weißt, wie es ist mit den Übertretungen eines jungen Mannes! Denn rascher ist der Sinn und schwach die Einsicht. Darum ertrage es dein Herz!»* (587–591). Und Menelaos gibt tatsächlich nach und erklärt sich nun seinerseits durch angemessenes edles Verhalten: *«Niemals ist mein Mut überheblich und ohne Milde»* (611). Trotz dieses grandiosen Schlußwortes aber hat sich der jüngere Held Antilochos als der ‹fortschrittlichere› erwiesen, denn Klugheit besiegt Stärke in dem Kulturbild Homers.

5.7 Ökonomie: Das Haus und die Frauen

Einer der Kampfpreise der Wettkampfspiele für Patroklos – eine massive eiserne Scheibe – erscheint auf den ersten Blick wenig spektakulär. Achill aber preist ihren praktischen Nutzen in höchsten Tönen: *«Wenn einem von euch auch sehr weit draußen liegen die fetten Äcker, wird er an ihr sogar für fünf umlaufende Jahre haben, was er gebraucht. Denn gewiß geht ihm nicht aus Mangel an Eisen ein Hirt oder Pflüger in die Stadt, sondern sie wird es ihm geben»* (23. 832 ff.). Eisen findet sich in Griechenland als Werkzeugmetall und daher als kostbarer Rohstoff schon im letzten Viertel des 11. Jahrhunderts (4.4). Für die Archäologen beginnt damit die griechische Eisenzeit. Der von Achill angesprochene Krieger wird nach dem Kampf heimgekehrt sein und die gewonnene Metallscheibe wird ihm in seiner Hauswirtschaft für mehrere Jahre gute Dienste geleistet haben. Man kann annehmen, daß er über ein größeres Hauswesen gebot, dem Hirten und Landarbeiter angehörten, für deren Gerätschaft er aufkommen mußte. Diese Hauswirtschaft, im Griechischen *oikos* genannt, erscheint in den Epen als die ökonomische Grundlage der Oberschicht. Sie umfaßte mehrere Gehöfte, die weit voneinander verstreut liegen konnten und die alle zu einer differenzierten landwirtschaftlichen Produktion beitrugen, deren Güter in dem zentralen *oikos* gesammelt, gelagert und auch wieder verteilt wurden. Der *oikos* setzte schon in dieser frühen Zeit eine differenzierte Wirtschaftsweise voraus – eine Ökonomie (von griechisch: *oikonomia*), zu der auch ein entsprechend entwickeltes und geschultes Können, ähnlich der Technik des Handwerkers, gehörte.

Die *Odyssee* gibt Einblick in Aussehen und Funktionen des adeligen Hauses. Ein erwähnenswertes Domizil besitzt etwa Menelaos: Im 4. Gesang der *Odyssee* betritt Telemachos seine staunenswerte Halle, die jener mit kostbaren und exotischen Gütern (Bernstein!) ausstaffierte, welche er auf seiner Irrfahrt in den südöstlichen Gebieten des Mittelmeers erworben hat, in denen es alle erdenklichen Handelsgüter und darunter eben auch Bernstein gab. Staunend tritt auch Odysseus in das Haus des Alkinoos, des sagenumwobenen Königs der Phäaken, und sieht in einer Halle wahrhaft kostbare Kleinodien, darunter goldene und silberne Hunde als Türhüter, welche Hephaistos selbst gefertigt hat (Od. 7. 81 ff.).

Odysseus gehört wie Menelaos zu den Herren über ein äußerst wohlhabendes Haus, das Neider bereits in den Blick genommen haben und das er selbst aber wieder in Besitz zu nehmen sich anschickt. Unterdessen verwaltet für Odysseus und ihren noch nicht mündigen Sohn Penelope das Haus, das wegen seines Reichtums und seiner sozialen Stellung Begehrlichkeiten weckt. Das zentrale Thema dieses Epos ist die Probe auf die Klugheit und Tüchtigkeit der Penelope bei der Verteidigung dieses Besitzes: Wird sie, anders als andere Frauen – das Negativbeispiel ist Klytaimnestra – das Haus für den verschollenen Odysseus bewahren können? Die Grundsituation der Erzählung, die Probe der Frau, die das Haus für einen abwesenden Mann verteidigt oder es verrät, scheint nicht von ungefähr gewählt worden zu sein. Sie erscheint typisch für die in den Epen abgebildete Gesellschaft. Tatsächlich ist es so, daß das tägliche Handwerk der Hausverwaltung, die Aufsicht über die im Haus tätigen Dienerinnen und Diener, die Lagerung, Verwaltung und

Verteilung der Güter, der Frau obliegt. Folgendermaßen stellt die Göttin Athene dem Irrfahrer Odysseus seine Gastgeberin Arete, die Frau des Phäakenkönigs Alkinoos, vor: «*Alkinoos hat sie zu seiner Gattin gemacht und hat sie geehrt, wie keine andere geehrt wird auf der Erde, so viele Frauen heute haushalten unter dem Gebot der Männer. So ist jene über die Maßen geehrt worden im Herzen, und sie ist es noch: von ihren Söhnen und von Alkinoos und den Männern des Volkes, die auf sie wie auf einen Gott blicken und sie grüßen mit Worten, wenn sie durch die Stadt geht. Denn es fehlt ihr auch selbst nicht an Verstand, an edlem, und wem sie wohl will, dem schlichtet sie – sogar den Männern – Streitigkeiten*» (Od. 7. 66–74). Man erkennt sogleich, daß es sich hier um eine der weiblichen Sagengestalten handelt, deren Tugenden von hohem normativen Wert sind. Auch Penelope wird, nachdem sie ihre Probe bestanden hat, unter diese vorbildlichen Sagengestalten eingehen. Das Beispiel ist zwar in der Dichtung scheinbar zeitentrückt und doch zeitnah, es soll den tüchtigen Frauen der frühgriechischen Oberschicht im 8./7. Jahrhundert v. Chr., den Hüterinnen eines *oikos*, als Vorbild dienen. Auch die anderen Heldenfrauen stehen innerhalb des *oikos* als Vorbilder für weibliche praktische Tüchtigkeit und Vernunft: Helena, die zu Menelaos zurückgekehrt ist und mit ihm Telemachos als Gastfreund empfängt, weiß alles der Frau des Hauses Angemessene und läßt durch ihre Tugend vergessen, daß sie einst in Troia die Gattin eines anderen Mannes war (Od. 4. 121 ff.). Penelope aber stellt ihre Tüchtigkeit täglich unter der Belagerung durch die Freier unter Beweis. Sie ist Odysseus an Verstand ebenbürtig, und sie nutzt diese Gabe im Sinne ihrer weitreichenden, von ökonomischem Können gekennzeichneten weiblichen Tugenden. Odysseus, der noch unerkannt in ihrem/seinem Hause weilt, freut sich an ihrer Klugheit, so etwa, wenn sie die Freier vertröstet und ihnen gleichzeitig als potentielle Braut Werbegaben abverlangt, diese dann auch reich bemessen erhält und in die Kammern des von den Freiern schon fast ausgeraubten Hauses zurückträgt (Od. 18. 281 ff.).

Frauen wie Penelope und Arete erkennen den Sinn eines Menschen, den sie ins Haus lassen – und die Männer verlassen sich darauf. Sie haben neben ihrer ökonomischen auch eine hohe soziale Kompetenz und wissen stets, was ihre Umgebung von ihnen erwartet. Penelopes List, mit der sie die Freier hingehalten hat, ist bekannt: Dieses große Leichentuch, das sie – der Sitte gemäß – für Laertes, den Vater des Odysseus, tagsüber gewebt und nachts wieder aufgetrennt hat, hatte für sie eine soziale Funktion, denn es gehörte zu ihren Pflichten, dafür zu sorgen, daß der alte Laertes nach seinem Tod wie ein wohlhabender Mann würde aufgebahrt werden können. Vor den Nachbarn in Ithaka aber bewahrt sie damit auch den guten Ruf des Hauses ihres Mannes, denn besonders die benachbarten Frauen des Landes wachten über ihre Tugend (Od. 19. 146 f.).

5.8 Die Bedeutung der Stadt in den homerischen Epen

Die antike griechische Stadt läßt sich nicht mit der Stadt vergleichen, die aus dem europäischen Mittelalter hervorgegangen ist. Dieses Gebilde ist aus der *Abgrenzung* zu einem bäuerlichen Umland entstanden und bildete eine eigene soziale Kultur aus. Bei den antiken Griechen aber ist die Stadt mit dem Umland gleichzusetzen: Die Menschen einer Landschaft, deren territoriale Einheit festgelegt wird, finden sich in einem Zentrum zusammen, das *integrierende* Funktion hat. Der Bauer ist also der «gute Bürger» der griechischen Stadt. Das Zentrum der ländlichen Gemeinschaft wird durch einen Kultplatz bestimmt, auf dem zur Zeit der homerischen Epen oft ein steinerner Tempel erbaut wird, und durch einen Marktplatz, wo die Versammlung des die Gemeinschaft ausmachenden Volkes stattfindet. Solche Zentren entstanden im späteren 8. Jahrhundert v. Chr. in verschiedenen griechischen Landschaften. Außerhalb Griechenlands finden sich gegen Ende des Jahrhunderts die ersten Städte der großen griechischen Kolonisation. Solche Städte waren auch dem Dichter der *Odyssee* bekannt, und er erzählt im 6. Gesang den Gründungsakt der mythischen Stadt Scheria, deren reales Gegengeschehen in dem Gründungsakt einer Kolonie in homerischer Zeit zu finden ist. Im Mythos liest sich der Vorgang so, daß ein längst verstorbener Held namens Nausithoos das Volk der Phäaken auf Scheria einst angesiedelt und eine Mauer um die Stadt gezogen, Häuser erbaut, Tempel geschaffen und die Äcker verteilt hatte (7–10). Nausikaa beschreibt Odysseus wenig später dieses Stadtbild: «... *wenn wir die Stadt betreten, um die eine Umwallung ist, eine hohe, und ein schöner Hafen ist beiderseits der Stadt: schmal ist der Zugang und beiderseits geschweifte Schiffe sind den Weg entlang hinaufgezogen, denn alle haben, jeder für sich, dort für die Schiffe einen Standplatz. Und dort ist ihnen auch der Markt zu beiden Seiten des schönen Poseidontempels, mit herbeigeschleppten Steinen eingefaßt, die in die Erde eingegraben sind. ...*» (262–7). Die Phäaken, so führt sie weiter aus, führen ein friedliches Leben, anstatt auf Waffen sind sie stolz auf ihre Schiffe, die sie täglich kunstgerecht instand halten. Die märchenhafte Stadt der Phäaken ist in den Epen die einzige, die so konkret beschrieben wird. Es handelt sich um eine idealtypische Stadtansicht, denn die griechischen Städte jener Zeit besaßen, soweit man das rekonstruieren kann, nicht immer ein derart festgelegtes Grundmuster. Der Dichter schafft Kulissen und Assoziationsräume für seine Hörer und intendiert nicht, Wirklichkeit oder historisches Geschehen abzubilden (vgl. 5.1).

Die frühgriechische Stadt gehört nicht zu den Hauptschauplätzen der homerischen Epen, denn die Gepflogenheiten des friedlichen und produktiven Gemeinschaftslebens passen nicht zum kriegerisch-individualistischen Ethos der Heldensage. Dennoch werden die Heldengeschichten in den Epen vor der Folie des städtischen Gemeinschaftslebens ausgebreitet und gewinnen dabei einen vorher nicht gekannten moralischen Hintergrund. Der Krieg um Troia findet in der *Ilias* meist draußen vor der Stadt statt. Die Stadt bildet eher einen Schauplatz im Hintergrund, wo Menschen zwar passiv, aber emotional doch nachhaltig an dem Geschehen teilhaben. So geht es dem Dichter darum, die Leiden ihrer Bewohner, besonders der Frauen, Kinder und Alten, am und im Krieg in Szene zu setzen. Im Gegensatz zu dem zahlreichen Heer der Achäer kämpfen die Troer darum aus zwingender Not: «*Doch die Troer wieder wappneten sich drüben in der Stadt, wenigere, doch begehrten sie auch so zu kämpfen, unter zwingender Not, für ihre Kinder und ihre Frauen»* (8. 55 ff.). In der *Odyssee* wiederum kommt der Stadt Ithaka im Hintergrund eine gewisse schiedsrichterliche Rolle zu, denn im Streit um das Haus und das Erbe des Odysseus wenden sich Telemachos und indirekt auch Penelope an das Volk und versuchen, dessen Unterstützung gegen die Gewalttaten der Freier zu gewinnen (Od. 4. 735–741). Im Vordergrund der *Odyssee* steht zwar eine typische Heldengeschichte, die unter schwierigen Umständen geglückte Heimkehr des klugen und listigen Helden; im Hintergrund aber wird diese Geschichte durch die Götter und die Stadt Ithaka moralisch und rechtlich kommentiert.

Die Stadt Ithaka umfaßt im Epos ein Territorium, das die auch heute so genannte Insel, im Epos *«die weithin sichtbare Ithaka»* (Od. 2. 167), und einige benachbarte Inseln wie Dulichion, Same und Zakynthos umfaßte. Zu den Mitgliedern der Stadt gehört die Oberschicht, die Reichen der Umgebung, also alle Freier, die um Penelope werben. Sie tragen wie Odysseus den Titel *basileus* (deutsch: ‹*König*› oder besser ‹*Herr*›). Diese Männer führen das Heer der Bürger an und haben gewisse Vorrechte wie etwa das Rederecht in der Volksversammlung oder das Recht (Ab-)Gaben aus dem Volk einzusammeln. Dieses Volk von Bauern und Handwerkern (Genaueres sagt die Dichtung hier nicht) steht allerdings nicht in unmittelbarer Abhängigkeit zu den Adeligen, denn die Mitglieder des Hauses des Odysseus werben um die Unterstützung des Volkes gegen die Freier, die ihnen unrecht tun, und vertrauen auf den Gerechtigkeitssinn des Volkes. In gewisser Weise wird so das Volk im Epos als eine Art politischer Faktor einbezogen.

Der Begriff für Stadt heißt im Griechischen *polis*. Im Zentrum des Begriffs liegt auch das, was wir heute noch *politisch* nennen – das gemeinschaftliche Handeln mit all seinen Problemen; dies soll das folgende Beispiel illustrieren. Im zweiten Gesang der *Odyssee* (1–257) hat Telemachos auf den Rat Athenes eine Volksversammlung der Ithakesier einberufen. Sie findet auf dem Marktplatz statt. Zeus und Themis, die Vertreterin des göttlichen Rechts, sind die Schutzgötter dieser Versammlungen. Sie

finden nicht regelmäßig statt, sondern werden aus drei wichtigen Gründen, die drei grundlegende Funktionen der städtischen
(politischen) Gemeinschaft betreffen, durch Herolde einberufen: Das geschieht zum einen im Fall der Bedrohung der Stadt
durch ein herannahendes Heer, ferner wenn eine Sache, die das
ganze Volk betrifft, zur Debatte steht, und schließlich, wenn
eine persönliche Sache, ein persönliches Unrecht, das einer von
ihnen erlitten hat, vorliegt. Zu den Aufgaben der Gemeinschaft
gehören der Schutz der Stadt vor dem Feind, die Erledigung
gemeinsamer Aufgaben und der Schutz des Besitzes und des
Lebens des einzelnen Mitglieds.

Diese Volksversammlung funktioniert nicht ‹demokratisch›,
in ihr gilt keine Gleichheit der Teilnehmer, es gibt eine Rangordnung der Redner, die der Oberschicht angehören und von deren
Autorität auch die Entscheidungen zweifellos bestimmt werden.
Aber das Recht der Gemeinschaft ist doch ein gemeinsames Gut,
und das Verhalten und Reagieren des Volkes – Empörung oder
übler Nachruf – können ein Gradmesser für das gerechte oder
unangemessene Verhalten der Oberschicht sein (vgl. Od. 3.
214 f.). Die Kritik des murrenden Volkes von Ithaka spielt als
Hintergrundhandlung der *Odyssee* tatsächlich eine gewichtige
Rolle – die nur von den überheblichen Freiern übersehen wird.

Telemachos nimmt als erster den Rednerstab in die Hand und
erklärt, daß der Grund für die einberufene Versammlung seine
eigene Not sei. Er spricht das Volk als eine Nachbarschaft an,
die sich über das von ihm erlittene Unrecht empören und für das
sich vor ihren Augen abspielende Unrecht sogar schämen soll.
Die Erwiderung der Verteidigung führt der Redeführer der
Freier, der verwegene Antinoos, aus. Die Freier, so sagt er, seien
selbst Opfer und von Penelope betrogen, einer Frau, deren tüch-
tiges Denken und Listen zu viel des Guten für eine anständige
Frau sei. In dieser frauenfeindlichen Rede sehen Telemachos
und Mentor, ein Gefolgsmann des Odysseus, nur ein durchsich-
tiges Ablenkungsmanöver. Telemachos antwortet auf die Vor-
würfe gegen seine Mutter mit der Pflicht, die ihm als Sohn ihr
gegenüber aufgegeben ist – er kann sie nicht gegen ihren Willen
aus dem Haus zu ihren Eltern fortschicken, auf daß diese sie

neu verheiraten; nichts aber rechtfertige die Gewalt, die die Freier dem Haus des Odysseus antun. Zeus läßt diese starke Gegenrede von dem Flug zweier Adler begleiten, die über den Köpfen der Versammelten kreisen und Unheil verkünden. Das Recht ist damit erkennbar auf seiten des Telemachos, und der Seher Halitherses verkündet darauf die bevorstehende blutige Rache des Odysseus. Die Freier aber lachen den Alten aus. Das Volk jedoch schweigt aus Angst vor der kriegerischen Gewalt der Freier.

Diese starke Darstellung wirkt nicht nur direkt auf das Rechtsempfinden der antiken Hörer, sondern kann auch den modernen Leser bewegen. In dem Wechsel der Reden wird ein klares moralisches Plädoyer erkennbar: Einem Mitglied der Gemeinde Gewalt anzutun, wie es die Freier durch die Belagerung des Hauses vorführen, ist Unrecht (Hausfriedensbruch) und eine Schmach für die ganze Gemeinde. Recht hat einer, der wie Telemachos als Sohn gegenüber seiner Mutter die guten Sitten beachtet. Daß das Volk aber aus Angst vor den bewaffneten Freiern schweigt, läßt diese doppelt schuldig erscheinen, denn sie setzen das Recht durch Gewalt außer Kraft. Und das Gottesurteil, das durch den Flug der Adler über die Freier verkündet wird, rechtfertigt über den Augenblick des aktuellen Rechtsstreits hinaus ein späteres grausames Geschehen: Odysseus, Telemachos und die Göttin Athene richten mit dem Freiermord ein furchtbares Blutbad an (22. Gesang). Mit dieser späten Passage stellt der Odysseedichter wieder den Bezug zur Öffentlichkeit her. Denn bald darauf geht das Mordgerücht in der Stadt um, und die nächsten Verwandten der Freier schwören vor der flugs einberufenen Volksversammlung auf dem Markt Blutrache (24. 413 ff.). Medon der Herold und der Sänger Phemios, die bei dem Mordgeschehen im Haus des Odysseus anwesend waren, warnen die Anwesenden, daß ein Gott Odysseus geholfen habe. Der Seher Halitherses erinnert das Volk an den gewalttätigen Unverstand, den die Toten einst bei der Versammlung gezeigt haben. Mehr als die Hälfte der Zuhörer stimmt Halitherses zu und verweigert den Rächern die Gefolgschaft, knapp die Hälfte aber will bewaffnet gegen Odysseus ziehen.

Vor der drohenden Begegnung trifft Zeus einen letzten Rechts-
entscheid: «*Nachdem es der göttliche Odysseus die Freier büßen
ließ, soll man verläßliche Eidopfer schlachten, daß er als König
herrsche immer. Doch wollen wir hinwieder ein Vergessen
des Mordes an den Söhnen wie an den Brüdern setzen, und sie
sollen einander befreundet sein wie vorher, und es soll Reichtum
und Friede in Fülle sein!*» (24. 480 ff.). Der Gott setzt Odysseus
abermals vor der Stadt ins Recht, verkündet das Ende des Kreis-
laufs der Blutrache auf der Grundlage eines Vertrages und ver-
heißt der Stadt Frieden und Wohlstand.

Die Beteiligung des Gottes an der Handlung zeigt, daß es sich
bei dieser Geschichte um einen Mythos handelt. Der Gott verkündet, was hinfort als Recht gelten soll. Aber erzählt wird die
Geschichte auch innerhalb der menschlichen Sphäre, und der
Dichter zeigt im Verlauf dieses Streits nicht nur die Ansätze zu-
künftiger politischer Institutionen, sondern er deckt auch die
Beweggründe, die Normen und Werte auf, die zu den Reaktio-
nen des Volkes, das heißt der gesamten Stadt führen. Sie bilden
den Kernbestand der inneren Friedensordnung der antiken griechischen Stadt.

6. Die homerische Mythologie

6.1 Die Stiftung der griechischen Religion in homerischer Zeit

Früher, so schrieb im späten 5. Jahrhundert v. Chr. der Historiker Herodot, wußten die Griechen nicht, *«woher ein jeder ihrer Götter seinen Ursprung hatte, ob alle Götter schon immer da waren und wie ihre Gestalten waren»*. Erst Homer und sein Zeitgenosse Hesiod hätten für die Hellenen *«Entstehung und Stammbaum der Götter geschaffen und den Göttern ihre Beinamen gegeben und ihre Ämter und Fertigkeiten gesondert und ihre Gestalten deutlich gemacht»* (2. 53 nach der Übersetzung von Walter Marg). Demnach ist erst im 7. vorchristlichen Jahrhundert durch die Großepen Homers und Hesiods (*Theogonie; Werke und Tage*) eine Grundlegung der Religion erfolgt, die für alle Griechen verbindlich geworden ist. Die einzelnen lokalen Götter mit ihren zahlreichen speziellen Kulten blieben zwar weiter bestehen und auch deren Kultlegenden wurden weiter gepflegt, darüber aber wurde ein intellektueller Überbau errichtet: Es entstand ein festgeschriebenes mythologisches System und mit ihm auch für eine größere Allgemeinheit identifizierbare Götter, die olympische Götterfamilie mit ihren einzelnen göttlichen Mitgliedern, die charakteristische (menschliche) Eigenschaften besaßen und ganz spezielle Beziehungen untereinander pflegten. Die griechische Götterwelt, die durch die moderne Tradition der klassischen Sagen noch heute geläufig ist, war damit geschaffen. Dieses einheitliche Bild sollte man aber nicht für selbstverständlich nehmen. In den einzelnen griechischen Kulten hatten die Gottheiten, die die bekannten Namen tragen, vielfältige und auch sehr widersprüchliche Bedeutungen. Schaut man noch weiter zurück – in die mykenische Zeit – so findet man auf den Linear-B-Tafeln eine Fülle unbekannter Götternamen neben einigen, die auch die homerischen Epen nennen. Die

Funktionen dieser Gottheiten sind mannigfach und mit den homerischen kaum in Einklang zu bringen. Dies läßt sich zum Beispiel an Athene zeigen, die später als jungfräuliche, oft auch kriegerische Göttin und als Göttin der Weisheit und aller handwerklichen Techniken wahrgenommen wird: In einer Szene der *Ilias* tauscht die Kriegsgöttin das eigene, selbst verfertigte weiche und bunte Frauengewand gegen das Panzerhemd des Zeus (5. 733–7). Diese Athene läßt sich aber auch als Erdgöttin, Schlangen- oder mykenische Palastgöttin ausmachen; sie konnte aber zudem auch, wie alle weiblichen Gottheiten, als Göttin für Frauenbelange und neben ihrer bekannten Zuständigkeit für weibliche Arbeit und Klugheit in einzelnen Kulten sogar als Muttergöttin angerufen werden. Das ist jedoch eine Eigenschaft, die später, beeinflußt von den homerischen Epen und der klassischen Tragödie, nur noch Hera, der Gattin des Zeus, zugeschrieben wurde.

Bodenfunde aus homerischer Zeit lassen den materiellen kulturellen Hintergrund erkennen, von dem sich das Streben der frühen Griechen nach einer gemeinsamen religiösen Sprache entwickelte. Seit dem frühen 8. Jahrhundert nahmen größere Heiligtümer, die an entfernten Orten oft zwischen einzelnen Landschaftsgrenzen lagen – etwa Delphi und Olympia – stetig an Bedeutung zu. Im späten 8. und 7. Jahrhundert wurden sie zu regelmäßig frequentierten Kultplätzen, an denen auch Wettkämpfe zu Ehren der Götter stattfanden. Aus dieser Zeit lassen sich auch Weihgaben, nicht wenige orientalischer Herkunft, an solchen Orten finden. Zunächst mag sich die Oberschicht der umliegenden Landschaften dort getroffen haben; für die Zeit seit dem späten 8. Jahrhundert findet man aber die Spuren einer geographisch immer weiter ausgreifenden homogenen griechischen Gesellschaft. Die Kanonisierung der Namen, Eigenschaften und Legenden einzelner Götter wird sich in diesem Austausch zwischen den Kulturräumen entwickelt und ihre Inhalte mit Hilfe von Sängern unter den Griechen verbreitet haben.

Das Bild, das die homerischen Epen von der religiösen Kultur ihrer Zeit überliefern, ist hoch entwickelt. Tempel, Kultbild, Priester und Priesterinnen werden vorausgesetzt – so etwa in der eindrucksvollen Szene im Athena-Tempel von Troia, in der die Frauen zusammen mit der Priesterin Theano und der Königin Hekabe dem Kultbild ein wunderschönes Gewand aus der Schatzkammer der Königin auf die Knie legen, das einst von Frauen im phönizischen Sidon hergestellt und von Paris und Helena nach Troia gebracht wurde (Il. 6. 286–310). – Die Göttin allerdings verschmäht das sündhafte Opfer.

6.2 Die griechische Mythologie

Herodot hat recht, wenn er aus dem Text der homerischen Epen über deren geschichtliche Wirkung Rückschlüsse zieht, obwohl man grundsätzlich daran zweifeln muß, daß er über die vergangene Zeit oder den Dichter Homer Genaueres wußte. Auf diese Weise kann man auch heute seine Folgerungen nachvollziehen und eine ähnliche Systematik aus den Texten herauslesen. Zunächst wird deutlich, daß es sich bei der Vermittlung dieser Göttergesellschaft um ein umfangreiches und durchdachtes System, um eine polytheistische Götterlehre, handelt. Man spricht heute gern von *Mythologie* und bezieht sich damit auf eine wissenschaftliche Entdeckung des 19. Jahrhunderts. Dieser Begriff entstammt der wissenschaftlichen Systematik dieser Zeit und bezeichnet ein Phänomen frühzeitlicher menschlicher Kulturen. Anhand der homerischen Erzählungen fand man heraus, daß sich abstrakte theologische und philosophische Inhalte auch in bildlicher, beispielhafter Form ausdrücken lassen und daß man dies mit anderen frühen Literaturen vergleichen kann. Das Wirken der Natur, das Wesen des menschlichen Schicksals und auch die Zwecke der menschlichen Kultur ließen sich durch das Wirken göttlicher und halbgöttlicher Wesen in typischen Erzählungen anschaulich wiedergeben. Mit *Mythos*, einem griechischen Begriff für *Rede* und *Erzählung*, bezeichnet man fortan eine bestimmte Klasse traditioneller Erzählungen, die für die verschiedenen Daseinserfahrungen der menschlichen Welt abrufbare Deutungen bereithalten und sich als erzählerische Grundlagen von Zeremonien, Ritualen und Kulten erweisen. Einige dieser Erzähltypen lassen sich bei ganz verschiedenen, auch weit entfernten und wohl kaum voneinander beeinflußten Völkern nachweisen.

Was aber eigentlich mit homerischer Mythologie bezeichnet wird, sind die Geschichten von Göttern und Helden, die sich besonders ausgeprägt in der *Ilias* finden. Hierbei handelt es sich nicht um einen Zusammenhang von einfachen Geschichten, sondern um einen hochreflektierten Erzählbogen, der in seiner intellektuellen Entwicklung bis auf die frühen Schriftkulturen des Vorderen Orients zurückgeht. Die Frage nach der Entstehung der Schöpfung und der Götter, die Darstellung der Götter in Form von einer Götterfamilie oder gar einer Göttergesellschaft und sogar die quasi-politische Versammlung der Götter sind Erfindungen der sumerischen Mythologie (6.6). Bei diesen Mythologien handelt es sich nicht um die Ausdrucksform eines sogenannten Volksglaubens oder einer primitiven Religion, sondern um gelehrte Texte, in denen eine Ordnung allen Wissens angestrebt wird. So erklären sie die Erschaffung der Welt, der Götter und Menschen, die Zuständigkeitsbereiche der Götter im Himmel, auf der Erde und in der Unterwelt, schließlich die Entstehung und den Zweck der menschlichen Kultur. Das Alter der Welt wird in den verschiedenen Zeitaltern einer Schöpfungsgeschichte erzählerisch abgeschritten. Es handelt sich um eine Lehre, die in der langen Schriftgeschichte des Alten Orients von einzelnen Schreibern und Gelehrten über nahezu zweitausend Jahre fortentwickelt und ergänzt wurde. Eine vergleichbare schöpfungsgeschichtliche Ordnung, die mit einem Zeitalter von Göttern und Helden endet, eignet allen griechischen Epen homerischer Zeit: Am ausgeprägtesten ist sie in Hesiods *Theogonie* (*Götterentstehung*) formuliert; dieselben Erzählungen tauchen aber auch in dessen sachbuchartigem Epos, den *Werken und Tagen*, wieder auf. Auch der epische Sagenkreis, die sogenannten *kyklischen Epen*, bieten eine Götterentstehung, einen Titanenkampf, und enden mit den Heldengeschichten, die sich vor Theben und Troia abspielen. Auf die Entstehung der Welt folgt in diesem Schema die Geschichte der Göttergenerationen, von den Urmächten zu den aktiven Kulturgöttern und der Erschaffung der Kultur bis zu der Geschichte der Heldenzeit, die

mit dem troischen Krieg endet. Erst dann, jenseits der eigentlichen Mythologie, der Geschichte von Göttern und Helden, beginnt die Geschichte der gewöhnlichen, der Vergänglichkeit völlig unterworfenen geschichtlichen Menschen.

6.3 Die Götter und Helden Homers

Der Zusammenhang vom Anfang der Welt bis zum Ende der
Heldenzeit findet sich auch in der *Ilias*, deren Handlung in der
Endphase des Heldenzeitalters stattfindet. Es handelt sich bei
den dort von den Göttern referierten Geschichten teilweise um
schon formuliertes Wissen, das der Dichter und sein Publikum
bereits kannten. Einige dieser Erzählungen sind aber auch neu;
sie bieten sozusagen den neuesten Stand des Wissens von Göttern und Helden.

Als Ursprung der Götter bezeichnet Hera in der *Ilias* Okeanos, das äußere Weltmeer, und Tethys, die sie Mutter nennt (14.
302). Tethys ist die Schwester des Okeanos; beide zusammen
sind mit dem sich vermischenden Salz- und Süßwasser zu vergleichen, das den Anfang der babylonischen Weltschöpfung
ausmacht, die in dem sehr gelehrten Epos *Enuma Elisch* (nach
den ersten beiden Worten des Epos «als oben» benannt) aus
dem 1. Jahrtausend aufgezeichnet ist. Erst nach der Trennung
des Einen, des Wassers, und der Vermischung der ersten Elemente, Meerwasser und Süßwasser, entstehen im Oben und Unten Himmel und Erde, von denen die ersten anthropomorphen
(menschengestaltigen) Götter Kronos und Rheia abstammen,
die die Eltern von Hera, Zeus, Poseidon und Hades werden
(Il. 14. 203). Mit diesen beginnen die beiden Generationen der
aktiven Götter. Die drei Söhne des Kronos, Zeus, der älteste,
und die beiden jüngeren, Poseidon und Hades, müssen die göttlichen Machtbereiche untereinander auslosen: Hades wird die
Unterwelt zugeteilt, Zeus der Himmel und Poseidon das Meer;
die Erde aber soll allen gemeinsam gehören, so erklärt es Poseidon in der *Ilias* (15. 187–193). Auf dem Olymp wohnen – in
Häusern, die der Handwerkergott Hephaistos, der Sohn von
Zeus und Hera, geschaffen hat – außer jenem das Götterpaar

selbst, Zeus und Hera, und auch die jüngeren Götter; es sind die weiteren Kinder des Zeus: allen voran Aphrodite, Tochter der Dione, Apollon und Artemis, Sohn und Tochter der Leto, Hermes, Sohn der Maia, Athene, das Kind des Zeus, und Ares, der Sohn der Hera und des Zeus.

Auf diese letzte Göttergeneration folgen die Generationen der Helden, das sind halbgöttliche Wesen, deren einer Elternteil zu den Göttern gehört, der andere aber zu den Sterblichen, von denen sie nicht zuletzt die fatale Eigenschaft, nämlich das fundamentale Defizit der Sterblichkeit, ererbt haben. Der älteste unter den Helden ist Herakles, Sohn des Zeus und der Alkmene, dessen ganze Lebensgeschichte vom Groll der Hera auf diesen Seitensprung des Zeus und dessen Frucht, eben Herakles, geprägt ist (Il. 19. 95–133). Die Heldengenerationen folgen auf die Göttergenerationen und unterscheiden sich voneinander durch ihre zeitliche Entfernung zu den Göttern. Die ältesten Helden, wie Herakles, sind die stärksten; die Kräfte der späteren verringern sich zusehends. Nestor erinnert sich vor Troia noch an eine ältere Generation von Helden, mit denen er in seiner Jugend so manches Abenteuer bestanden hat, und hält diese, die noch mit Riesen gekämpft hatten, den Troiakämpfern als leuchtende Beispiele vor Augen. Die Helden auf beiden Seiten im Kampf um Troia bilden die letzte Generation; mit ihr endet das Heldenzeitalter. Die Mauern Troias sind die sichtbaren Zeugen und bilden sozusagen die Grenzmarkierung dieser Zeitenwende.

6.4 Der Kult der Heroen

Ähnlich wie die Götter der homerischen Epen finden auch die Helden Eingang in den religiösen Kult der Griechen. Und wie bei den Götterfiguren handelt es sich auch bei den homerischen Helden um erzählerische Figuren mit Personeneigenschaften, die sich in der kultischen Wirklichkeit der einzelnen griechischen Landschaften nicht überall einheitlich wiederfinden lassen. Im späten 8. Jahrhundert entwickeln die Griechen unterschiedlicher Regionen eine neue Sitte: Sie beginnen alte Relikte zu verehren, das heißt sie richten Kulte an älteren Relikten so-

wie einzelnen mykenischen Gräbern und Häusern als Hinter-
lassenschaften einer ihnen unbekannten Vorzeit ein. Dieser
Heroenkult ist wahrscheinlich nicht als Reaktion auf die homerischen Epen, sondern schon vor ihrer Abfassungszeit entstanden. Die Epen reflektieren keineswegs die geographische Verteilung der ursprünglichen Kulte, die auf einzelne griechische
Landschaften beschränkt waren, während die homerische Heldengesellschaft ganz Griechenland und sogar die kleinasiatischen Landschaften repräsentiert.

Die Heroenkulte dienten, soweit man das heute wissen kann,
nicht zuletzt der Identitätsstiftung einzelner gesellschaftlicher
und politischer Gruppen; im Vollzug ihres Kultes versicherte
sich die Kultgemeinschaft ihrer Zugehörigkeit zu einer bestimmten Schicht oder Stadt. Den Heroen wurde ebenso wie den
Göttern geopfert, und man trat mit Bitten an sie heran; sie besaßen also auch eine Schutzfunktion. Die Dichter von *Ilias* und
Odyssee geben keine Auskunft über diese Kultpraxis. Nicht,
weil sie den Heroenkult nicht kennen, sondern weil diese Kulte
mit der dichterischen Absicht, eine heroische Welt in der Vergangenheit zu vermitteln, logisch nicht übereinstimmen können
– sie nehmen es also mit dem *Archaisieren* (5.1) wieder sehr genau. Zu der Zeit der erzählten Handlung, in der die Heroen
noch agierten, diese also auch noch nicht begraben waren,
konnte es demnach auch noch keinen Heroenkult geben, und
daher gehört er auch nicht zur dichterischen ‹Wirklichkeit›. So
hört man im Epos zwar zuweilen von «*Gegenständen früherer
Menschen*», aber nichts über die kultische Wirkung der Helden.
Ein Wort des Phoinix, des alten Lehrers Achills, läßt sich jedoch
in dieser Hinsicht vielleicht doppelt auslegen: Phoinix mahnt
Achill, der in der *Ilias* die Bittgesandtschaft Agamemnons mit
all ihren Gaben unversöhnlich abweist, daß selbst die Götter, die
über noch größere Kraft und Ehrgefühl verfügen als die Helden,
nachgiebig sind: «*Denn auch sie lassen sich mit Rauchopfern
und sanften Gebeten und Weihguß und Fettdampf umstimmen
von den Menschen*» (9. 499 f.). Und dann erinnert er daran, daß
sie auch von der Nachgiebigkeit früherer Menschen (Helden)
erfahren hätten: «*Heroen, wann immer ein heftiger Zorn einen*

ankam: Zugänglich waren sie für Gaben und zu bereden mit Worten» (9. 526 ff.). Dann erzählt Phoinix als Beleg für seine Aussage die Geschichte des Meleagros, eine Heldenerzählung. In der Epoche des Iliasdichters konnte man die Botschaft dieser Episode so deuten, daß die Helden, die Nachgiebigkeit doch selbst als Tugend ansahen, auch den Bitten der ihnen opfernden Menschen Gehör schenkten. Daher hatte es auch einen guten Sinn, den Helden einen Kult einzurichten und sich durch Gaben ihrer Gunst zu versichern.

6.5 Troia und die mythische Archäologie in den homerischen Epen

Im Heroenkult homerischer Zeit wird eine vorhomerische archäologische Hinterlassenschaft mit einem neuen Kult verbunden. Mit der vor allem in der *Ilias* thematisierten Weltzeitaltergrenze zwischen der eigentlichen mythischen und der späteren geschichtlichen Zeit wird ebenfalls ein älteres Monument, die nun schon mehrfach erwähnte Mauer Troias, verbunden. An verschiedenen Stellen der *Ilias* wird darauf hingewiesen, daß Troia fallen muß. Das zukünftige Ereignis, das *Schicksal*, kennen allerdings nur die Götter, von denen auch alle diese Aussagen stammen. Die Helden können dieses Ende höchstens durch Orakel in Erfahrung bringen; sie erhoffen oder befürchten – je nachdem, zu welcher Kriegspartei sie gehören – den Fall der Stadt. Auch in diesem Zusammenhang bleibt die *archaisierende* Darstellung ganz und gar der Logik des Geschehens treu: Die eingenommene Stadt und ihre erstürmte Mauer sind und können nicht Gegenstand der dichterischen Realität sein, denn die agierenden Helden kennen nur die blühende Stadt und die unzerstörte mächtige Mauer. In dramatischen Augenblicken aber gibt es Spekulationen der Helden darüber, was aus diesem Augenblick heraus geschehen könnte und welches Zeichen das Geschehen wohl später in der Landschaft um Troia zurücklassen wird.

Agamemnon sieht nach dem Pfeilschuß des Pandaros auf Menelaos mit Schrecken ein zukünftiges Grabmal seines Bruders am Hellespont stehen; es hätte fast zum Gedenkort der wunderbaren Rettung Troias werden können (Il. 4. 169–182; vgl. oben 4.1). Auch Hektor spekuliert, wenn er am Ende des ersten Kampftages zum Zweikampf mit Aias aufruft und schwört, daß er den toten Gegner nach seinem Sieg den Achäern übergeben wird, so daß diese ihm ein Grabmal am Hellespont erbauen können – denn die späteren Menschen, die am Hellespont vorbeifahren, werden dann das Grabmal sehen und sich an Hektors Ruhm erinnern: «*Das ist das Mal eines Mannes, der schon vor Zeiten gestorben, den nach tapferem Kampf erschlug der strahlende Hektor*» (Il. 7. 89 f.). Dabei aber spekulieren die Helden auf einen Ruhm, der ihnen nicht gewährt werden wird. Das Denkmal, das sie in der Zukunft sehen, sehen die Späteren, die Zeitgenossen des Dichters und Hörer des Epos nicht, sie wissen vielmehr, daß Troia besiegt werden, Hektor Aias nicht erschlagen und Troia nicht retten wird.

Auch das Denkmal, mit dem der Iliasdichter das göttliche, schöpfungsgeschichtliche Geschehen am Ende der Heldenzeit verbindet, ist nicht die reale Mauer Troias, sondern wiederum ein imaginäres Denkmal: die Mauer des Achäerlagers an Troias Küste. Das Schiffslager vor Troia wurde der Sage nach von den Achäern mit einer Schutzmauer umgeben. Die Götter Poseidon und Apollon sahen – wie bereits erwähnt – diesen Mauerbau mit Argwohn (7. 443 ff.), denn die von ihnen selbst erbaute Mauer Troias hatte damit eine potentielle Konkurrenz bekommen – nicht die von Götterhand, sondern die von Menschenhand erbaute Mauer drohte dereinst für den Ruhm der Heroenzeit zu stehen. In dieser prekären Situation versprach Zeus den beiden Göttern, daß sie diese Mauer nach dem Fall der Stadt dem Erdboden gleich machen dürfen, so daß – wie es dann auch geschieht – nur Troias Mauern an den berühmten Krieg, der das Heldenzeitalter beendet, erinnern werden. Zu Beginn des 12. Gesanges (1–33) macht der Dichter einen Einschub, in dem er aus der aktuellen Situation der Erzählung auf das Ende des Heroenzeitalters vorausblickt. Hektor nämlich, der sich gerade im Ansturm auf die Mauer des Achäerlagers befindet, darf die Mauer nicht dauerhaft einnehmen, denn das werden erst die

Götter, Poseidon vor allem und Apollon, tun. Nach dem Fall Troias, der das Ende des halbgöttlichen Geschlechtes der Heroen bedeutet, werden die beiden Götter ungeheuerliche Fluten in die Ebene vor Troia lenken und die Lagermauer zerstören, so daß der Strand am Hellespont wieder glatt sein und keine Spur des Geschehens übrig bleiben wird.

6.6 Orientalische Ursprünge

Die Flut, durch die nach dem Fall Troias die Achäermauer, das Geschlecht der Heroen und ein Teil der Erinnerung hinweggespült wird, erinnert entfernt an die Sintflutgeschichte; sie ist ein verbreitetes Motiv der Schöpfungsgeschichte im Vorderen Orient. Bekannt ist das Motiv aus dem Alten Testament (*Genesis* 1. 6–8). Auch hier markiert das Geschehen das Ende eines Weltzeitalters. Nach der Erschaffung der ersten Menschen und deren Vertreibung aus dem Paradies gab es der Überlieferung zufolge ein Zeitalter, «*in dem die Gottessöhne mit den Menschentöchtern verkehrten*», das auch «*Zeitalter der hochberühmten Helden*» genannt wurde. Es handelt sich in dem monotheistischen Kontext des Alten Testaments ganz offensichtlich um eine Reminiszenz an ältere Mythen. Diesem Zeitalter wollte Gott durch die Sintflut ein Ende setzen, und Noah wurde darauf als Nachfolger und Stammvater des späteren Menschengeschlechts auserwählt. Ähnliche Erzählungen sind aus dem Alten Mesopotamien bekannt; auch hier stehen sie im Zusammenhang mit dem Schöpfungsmythos und dem Mythos vom Anfang der menschlichen Kultur. Die Götter des Alten Mesopotamien waren mit ihrer Erschaffung der ersten Menschen unzufrieden, denn diese wurden schnell zu zahlreich und ihre Städte zu laut. Der geräuschempfindliche oberste Gott Enlil beschloß die Vernichtung dieses Menschengeschlechtes durch eine Flut. Aber der Weisheitsgott Ea warnte einen Menschen und gab ihm genaue Anweisungen, so daß er die Flut auf einem Schiff überleben konnte. Dieser Mensch hieß Atramchasis (*der außerordentlich Weise*); im *Gilgamesch-Epos* wird er Utnapischtim genannt. Es handelt sich bei diesem Mann um den einzig unsterblichen Menschen, den Gilgamesch in einer heldenhaften Reise auf dessen Insel jenseits der menschlichen Welt aufsucht, um von ihm das Geheimnis der Unsterblichkeit zu erfahren. Darauf erzählt ihm Utnapischtim die Flutgeschichte, die Geschichte von dem geheimen Wissen der Götter und den ersten Menschen und erklärt damit, warum kein anderer Mensch je unsterblich werden kann – und Gilgamesch kehrt als Weiser in seine Stadt Uruk zurück. Als König gebührt ihm der Ruhm des Bauherrn der dortigen imposanten Stadtmauer. Dort soll er, nach der letzten Fassung des Epos, auch die Tafel deponiert haben, auf der er den Text von seiner Reise hinter die durch die Flut markierte Weltaltergrenze hat aufzeichnen lassen. Das Epos beginnt also folgerichtig mit der Aufforderung: «*Lies die Tafel*».

Die altmesopotamische Flutgeschichte trennt das Zeitalter der ersten Menschen von der geschichtlichen Zeit. Die Flut bedeutet vollkommene Zerstörung und auch den Verlust realer Erinnerung. Dieser Verlust kann nur durch die Reise zu dem letzten Überlebenden jener Epoche jenseits der Grenzen der Welt behoben werden. Gilgamesch erfährt als einziger Mensch geheimes Wissen, er läßt diese Erfahrung aufschreiben und schafft durch die Deponierung der Tafeln mit dem Text des nach ihm benannten Epos in der Mauer Uruks Erinnerung für künftige Zeiten. Auch die homerischen Epen, besonders die *Ilias*, erzählen von Begebenheiten zwischen Göttern und Menschen in einem vergangenen Weltzeitalter, dessen Heldengenerationen vernichtet worden sind. Diese Vernichtung und Auslöschung von realer Erinnerung wird durch das Hinwegspülen der Achäermauer symbolisiert. Dennoch gibt es Erinnerung, und zwar an den Ruhm der Helden in Form des Wissens der homerischen Sänger, denn auch sie erzählen nichts Alltägliches, kein allgemeines Wissen, sondern ein besonderes, das von den Göttern stammt; es ist ein dem Sänger von den Musen (Il. 2. 484–492) eingegebenes Wissen, dessen Kunde mit den Mauern Troias und den Heroengräbern der homerischen Zeit verbunden wird.

In der homerischen *Ilias* vollzieht sich ebenso wie im *Gilgamesch-Epos* ein intellektuelles Spiel mit dem Thema Vergangenheit, Zerstörung und Vergessen, sowie der an Gegenstände gebundenen, sozusagen ‹geretteten› Überlieferung. Gilgamesch überschreitet auf seiner Reise eine den gewöhnlichen Menschen gesetzte Grenze, sein Wissen schafft diesen eine besondere mythische Überlieferung; es handelt sich dabei um das in den epischen Text gebundene Wissen. In der *Ilias* wird die Frage, wie die menschenunmögliche Überlieferung zustande gekommen ist, weniger konkret beantwortet: Der Dichter hat die ruhmvolle Kunde seiner mündlichen Tradition von den Göttinnen, aber die Menschen seiner Zeit können diese auch gegenständlich, quasi ‹archäologisch› nachvollziehen und sich mit dem vergangenen Ruhm durch den Kult am Heroengrab genealogisch verbinden. Das Wissen darum, daß sich im Boden Spuren und damit Überlieferung von früheren Menschen finden läßt, haben sie wahrscheinlich aus dem Alten Orient übernommen, denn dort gab es im Gegensatz zum frühen Griechenland eine lange kulturelle Überlieferung, die durch die Kontinuität ununterbrochener Besiedlungs- und Schriftkultur möglich wurde.

Aber auch für die frühen Griechen mußte es eine Verbindung zwischen dem unwiderruflich abgeschlossenen Heldenzeitalter und der Welt der geschichtlichen Menschen geben. Diese Verbindung stellt, als direkte Kunde vom *Ruhm der Männer*, das Heldenlied selbst dar; eine andere Verbindung sind die Genealogien des griechischen Adels, deren Mitglieder sich, einmal zu Wohlstand und Macht gelangt, einen Stammvater aus der Zeit der Heroen suchen. Nicht alle Helden gehen nach Troia unter, wie es der Zeitaltermythos eigentlich erfordert. Es gibt eine Generation der Heldensöhne, die entweder den Krieg um Troia am Ende noch mitgemacht – wie etwa Antilochos, der Sohn Nestors – oder aus erster Hand von ihm erfahren haben, wie Telemachos, der Sohn des Odysseus. Sie sind sozusagen die privilegierten Zeugen der heroischen Zeit und bilden eine zweite Generation von Stammvätern aus dem Heroenzeitalter. Aber auch ältere Helden wie Odysseus oder Aineias haben den Krieg überlebt und sind zu direkten Stammvätern für die späteren adeligen Geschlechter geworden.

6.7 Der homerische *Götterapparat*:
Homers Theorie des geschichtlichen Handelns

Mit *Götterapparat* bezeichnet man das umfangreiche Götter-
personal der *Ilias* sowie das komplexe Handlungsgeflecht im
Götterhimmel, das ständig auf das Schicksal der Helden vor
Troia einwirkt. Es handelt sich um einen modernen Begriff, der
aber auf eine Vorstellung aus der klassischen Antike zurückgeht,
und zwar auf die Bühnenmaschinen der klassischen Tragödien-
aufführungen, durch die die Schauspieler/Götter nach dem Vorbild Homers von oben in die Handlung auf der Bühne eingreifen, dort erscheinen oder ihre Helden von dort entrücken konnten. In der *Ilias* gibt es zwei Motoren der Handlung; es sind
dies einerseits die Helden mit ihren Hoffnungen und Zielen und
andererseits die Götter, die – ihre Zuschauerrolle verlassend –
sich nicht scheuen, leidenschaftlich in die Heldenhandlung ein-
zugreifen. Man spricht daher auch von einer doppelten Moti-
vation der Heldenhandlung. Der Krieg der Helden beider Parteien auf Erden wird von einem Krieg der Götter im Himmel
begleitet, die den einzelnen Helden freundlich oder feindlich
gesinnt sind, so daß deren Glück und Unglück von dem Erfolg
‹ihres› jeweiligen Gottes abhängt. Während der persönliche
Gott dem Helden hilft – dabei kann es sich um einen Schutzgott
oder gar um ein Elternteil eines Helden handeln – versuchen
dessen Gegner dies zu vereiteln, so daß der Ausgang der irdischen Handlung oft in der Schwebe liegt, und zwar dann, wenn
der Machtkampf der widerstreitenden Götter auf Messers
Schneide steht. Daraus entsteht eine Parabel auf den zufälligen
Charakter menschlichen Handelns, das wechselhafte menschliche Geschick, das der Dichter an einigen Stellen beklagt: *«Denn
so haben es zugesponnen die Götter den elenden Sterblichen,
daß sie leben im Kummer, selbst aber sind sie unbekümmert.
Denn zwei Fässer sind aufgestellt an der Schwelle des Zeus mit
Gaben, wie er sie gibt, schlimmen, und das andere mit guten»*
(Il. 24. 525–8).

Man kann sagen, daß die Unberechenbarkeit des irdischen
Daseins durch die offene und wechselnde Machtsituation unter

den Göttern erklärt wird und diese zweite Handlungsebene als eine Art Theorie geschichtlicher Handlung anzusehen ist. Das menschliche Glück hängt von allerlei Zufällen ab; es ist kontingent, das heißt von dem Gegeneinandereinwirken verschiedener Kräfte bestimmt, bis das Resultat aller dieser zufälligen Begebenheiten in einer unbestimmten Zukunft für die Menschen erkennbar wird. Erst dann spricht man von dem Schicksal, das sich erfüllt hat. (Heute spricht man statt dessen von einem epochalen Ereignis.) Auch in der *Ilias* findet man neben der Darstellung des aktuellen, dem Zufall unterworfenen Handelns der Menschen die Darstellung von dessen Vorausbestimmtheit, also der Determiniertheit des menschlichen Schicksals, die auf einen Endpunkt hinzielt. Die Götter nehmen zwar impulsiv auf das aktuelle Geschehen um ihre Helden Einfluß, aber als Unsterbliche vermögen sie auch – ganz unabhängig von ihrem gegenwärtigen Impuls, einen Helden zu fördern oder zu benachteiligen – in die Zukunft zu blicken. In dieser weiterreichenden Handlung erkennen sie einen mit dem allgemeinen Schicksal übereinstimmenden Plan, dem auch sie sich nicht widersetzen dürfen.

Das Götterwirken in der *Ilias* stellt sich bei näherem Hinsehen als ein sehr komplexes Handlungsgeflecht dar, das viele vorphilosophische Überlegungen über die Vorherbestimmtheit und die Wechselfälle menschlichen Schicksals enthält, die nicht zu den einfachen religiösen Vorstellungen aus der sogenannten Volksreligion gehören. Es handelt sich bei dem Götterstreit, dem Götterplan und der Götterversammlung tatsächlich um durchdachte mythische Vorstellungen und Bilder, die im benachbarten Orient von einzelnen gelehrten Schreibern in langer Tradition entwickelt worden sind. Nach altorientalischer Vorstellung war das Schicksal der Menschheit vorausbestimmt und auf nur den Göttern zugänglichen Schicksalstafeln aufgezeichnet. Die Herrscher, die sich durch die Zuneigung der Götter und die Übereinstimmung ihrer Herrschaft mit dem Götterplan legitimieren mußten – wobei das Wohlwollen der Götter sich in ihrem Erfolg und dem Wohlergehen ihrer Untertanen stets ablesen lassen mußte – beauftragten ihre Priester und Schriftgelehrten,

den Verlauf des Schicksals aus vergangener Überlieferung zu erschließen. Das geschah nicht durch pragmatische Analyse der
mit bestimmten Ereignissen verbundenen Handlungen, wie sie
moderne Historiker pflegen, sondern aufgrund von Zeichen-
deutung: Die Omina der verschiedenen Götter wurden mit bestimmten großen Ereignissen der Vergangenheit verbunden, und
die Wiederholungen dieser Zeichen dann in der Gegenwart als
göttliche Vorhersagen gesucht und gedeutet. Für die Erklärung
solch grundlegender Ereignisse als durch das Wirken der Götter
verursacht hatte man auch mythische Erzählmuster gefunden;
dazu gehörten der Krieg der Götter, die Gesellschaft der Götter
mit ihren Geschäftsbereichen, die mehr einer höfischen Gesellschaft als einer Familie glich, und die Entscheidungsfindung auf
dem Wege der Rebellion der Götter sowie die Götterversammlung. Die Vorstellung von der quasi-politischen Versammlung
der Götter und der Machtkampf der Götter mit ihrem obersten
Gott, dem sie Despotismus vorwerfen und dessen Entscheidung
sie moralisch kritisieren und auch modifizieren können, stammt
nicht ursprünglich von den Griechen, sondern aus dem benachbarten Osten. Der Versammlung der Götter aber oblag die Bera-
tung und letzte Entscheidung über das menschliche Schicksal.

Dieselben mythischen Vorstellungen von einer zweiten (göttlichen) Ebene jeder irdischen Handlung lassen sich auch in der
Ilias nachweisen. Allerdings hat ihnen der Iliasdichter den praktischen Bezug genommen, denn es geht ihm nicht um politische
oder historische Rechtfertigung oder um richtige Vorhersage des
Götterwillens in einem politischen Zusammenhang. Der Dichter der *Ilias* koppelt vielmehr die göttliche Handlung direkt
und Schritt für Schritt mit der irdischen, so daß es an manchen
Stellen so aussieht, als wolle er eine rational nachvollziehbare
Erklärung der menschlichen Ereignisse bieten; er nähert sich
hier tatsächlich den späteren geschichtlichen Darstellungen der
Griechen an.

Darüber hinaus aber verschafft sich der Dichter selbst einen
zentralen Platz in seiner Erzählung, denn er hält – sozusagen mit
Zeus zusammen – die Fäden des Geschehens in seiner Hand; er
kennt mit ihm gemeinsam das Planen der Helden beider Kriegs-

parteien, den Plan des Schicksals und natürlich auch den Plan, den Zeus mit Thetis zur Widerherstellung der Ehre des Achill abgesprochen hat, nämlich den Verlauf des Schicksals ein letztes Mal zu unterbrechen und Hektor fast gegen die Achäer siegen zu lassen. Und dieser Plan bietet die Grundlage jener Episode, die der Dichter für seine Darstellung wählt – den Zorn des Achill. Im Widerstand der anderen Götter, gegen diese an sich ‹verkehrte›, weil gegen den Plan des Schicksals – der die Einnahme Troias vorsieht – verlaufende Handlung kann der Dichter die Spannung reflektieren, die sich auch bei den Hörern der Erzählung aufbaut. Der Dichter begibt sich gemeinsam mit seinen Hörern auf die höhere und mehr Überblick bietende göttliche Ebene und kommentiert und analysiert das Geschehen auf der Erde ‹von oben›, aus einer entfernten, beinahe theoretischen Perspektive.

Mit dem Aufschub der unmittelbar bevorstehenden und durch das Schicksal bestimmten Einnahme Troias geht Zeus bis an die Grenzen des Konsenses unter den Göttern und erregt vor allem die Opposition der achäerfreundlichen unter ihnen. Diese Götter stehen ihm sehr nahe, sie gehören zu seinem engsten Familienkreis. Die Götterhandlung, die das Zufällige im Handeln der Helden bestimmt, spielt sich vor allem als Familienzwist ab. Der Entschluß des Zeus, den Untergang der Troer herauszuzögern, bis Achills Ehre wiederhergestellt ist, wird durch diesen Familienzwist an verschiedenen zentralen Stellen der Iliashandlung in Frage gestellt. Die Auseinandersetzungen mit Hera werden in der Form des Machtkampfes zweier fast gleich starker Ehepartner ausgetragen. Das beginnt bereits im ersten Gesang der *Ilias*, unmittelbar auf das Versprechen des Zeus an Thetis folgend (540 ff.). Der Höhepunkt von Heras Macht zeigt sich in der Verführung des Zeus, durch die sie ihn temporär außer Gefecht setzt und einen radikalen Umschwung des Handlungsverlaufs entgegen dem Plan des Zeus bewirkt (14. 153–362). Formal ist sie ihm aber unterlegen, denn er besitzt die Macht des Familienvaters. Hera muß sich, nachdem Zeus aus dem Schlaf erwacht ist, unter schweren Drohungen aus dem Kampf zurückziehen, und die Handlung auf Erden wird wieder dem Plan des

Zeus unterworfen. Auch Poseidon, der jüngere Bruder des Zeus, der formal dem Erstgeborenen um ein Geringes an Macht unterlegen ist, begibt sich auf das Schlachtfeld und versucht Zeus entgegenzuwirken. Dabei entwickelt sich ein Machtkampf der Götterbrüder, der zu folgendem Dichterkommentar führt: «*Und das Seil des starken Streites und gemeinsamen Kampfes spannten sie abwechselnd aus über beide Seiten, das unzerreißbare und unlösliche, das vielen die Knie löste*» (13. 358 ff.) Der dichterische Vergleich mit dem gespannten Zugseil, das sich unter dem wechselnden Wirken der göttlichen Macht von der einen Seite der Streitenden auf Erden zur anderen bewegt, so daß die Krieger auf beiden Seiten fallen, ist eine bildliche Übersetzung für das Wesen der geschichtlichen Handlung, die vom unberechenbaren Zufall schwankender Kräfte bestimmt wird. Gleichzeitig stellt dieser Handlungsaufbau eine Höchstleistung dichterischer Spannungserzeugung dar, denn genau in dem Moment, da Zeus' Plan sich zu erfüllen scheint, trifft er auf ein letztes Hindernis, das für einem Augenblick den Plan fast zunichte macht.

Der Rat und Beschluß der Versammlung der Götter ist dem Zwist der einzelnen Götter übergeordnet. Die dort geführten Diskussionen bieten moralische Bewertungen über das Handeln des Zeus und das der Helden. Unter den Augen der versammelten Götter entscheidet sich schließlich das endgültig festgeschriebene Schicksal der Helden. Diese Versammlungen finden jeweils vor den großen dramatischen Wendepunkten der *Ilias* statt; die von den Göttern getroffenen Entscheidungen bestimmen den Charakter und den Ausgang der einzelnen Handlungsabschnitte. Die erste Versammlung zu Beginn des 4. Gesangs hat gleichsam die Funktion einer Einführung in den Götterkampf und dient dazu, den unterbrochenen Kampf um Troia erst einmal wieder in Gang zu bringen. Der Friedensschluß – die Lösung, die gerade auf Erden angestrebt wird – ist vom Schicksal nicht vorgesehen und entspricht weder Zeus' Plan noch Heras oder Athenes Intentionen, die den Fall Troias herbeisehnen. Da es nicht um wirkliche Interessengegensätze geht, führt eine Provokation der Hera durch Zeus zu einer Diskussion über die jeweiligen göttlichen Machtpositionen. Zeus ist zwar der Mächtigste, aber auch er darf die Macht der anderen Götter nicht mißachten, schon gar nicht die der ihm nahe anverwandten. Hera erklärt das Prinzip mit deutlichen Worten: Als Schutzgöttin ihrer Städte muß sie dem Stärkeren weichen, aber ihr Anteil an der Bestimmung des allgemeinen Schicksals muß anerkannt werden: «*Wahrhaftig, da sind mir drei die weit liebsten Städte: Argos und Sparta und die breitstraßige Mykene. Diese zerstöre, sind sie dir übermäßig verhaßt im Herzen! Vor diese stelle ich mich nicht ... Denn wollte ich es auch verweigern und ließe sie nicht zerstören, richte ich doch nichts aus durch mein Weigern, da du viel stärker bist. Doch darf man auch nicht meine Mühe erfolglos machen! Denn auch ich bin ein Gott und die Geburt ist mir daher, woher sie auch dir ist!*» (4. 51–58). Die Götter beschließen, Athene auf das Schlachtfeld zu schicken, um einen Friedensbruch zu provozieren. An dem darauffolgenden ersten Kampftag setzen alle Götter ihre Kräfte ein und die erste Schlacht geht unentschieden aus.

Die zweite Götterversammlung findet am Anfang des zweiten Kampftages statt (8. 1–40), an dem die Bedrohung der Achäer deutlich erkennbar wird, die Spannung der Erzählung also deutlich steigt. Jetzt befiehlt Zeus den versammelten Göttern, daß sie sich allesamt aus dem Kampf heraushalten müssen und höchstens ihren jeweiligen Helden mit Ratschlägen zur Seite stehen dürfen. Zeus selbst hebt die Schicksalswaage und diese senkt sich gegen die Achäer. Der Handlungsverlauf sollte nun eigentlich festgelegt sein, und Zeus prahlt mit seiner Macht vor seiner Frau (8. 470–483). Allerdings wird der nächste Tag nicht ganz so verlaufen, wie er glaubt, denn seine Gattin und Poseidon lassen es auf die bekannte Machtprobe ankommen. Zeus stellt die Machtverhältnisse freilich bald wieder durch Gewaltandrohungen her (15. 4–77), jedoch ist er mit seinem eigenmächtigen Planen fast bis an die Grenzen des für die anderen Götter Erträglichen gegangen. Hera geht wütend zum Olymp und wiegelt die Götter gegen ihn auf. Alle kritisieren die Gewalt und den Übermut des Göttervaters, aber sie haben auch Angst und unterdrücken den in ihnen aufkeimenden Gedanken an Rebellion. Doch die zur Revolte tendierende Stimmung im

Moment höchster Spannung kündigt auch den Umschwung
der Handlung an. Zeus wird den Troern nur noch kurz beiste-
hen können und sie dann – allen voran Hektor – dem von
den Göttern immer nachdrücklicher reklamierten Schicksalsver-
lauf preisgeben müssen. Diese in der *Ilias* fein ausgeleuchtete
Psychologie des Machtkampfes unter den Göttern spiegelt
gleichzeitig die dichterische Handlungsführung wider: Die nun
eintretende Situation (Hektor steht vor den Schiffen der Achäer
und hält die Fackel, um das erste Schiff anzuzünden) bildet auch
den Anfang des Umschwungs der Handlung (im Moment, da
das Schiff in Brand gerät, heißt Achill Patroklos seine Rüstung
anlegen).

Erst nachdem sich der Plan des Zeus erfüllt hat und die Wende der Handlung eingetreten ist, ruft der Gott vor dem Siegeslauf des Achill erneut zur Versammlung der Götter auf (20.
4–31). Zeus sorgt sich nun angesichts der unbändigen Kraft des
Helden, daß Troia vor der durch das Schicksal festgelegten Zeit
fallen könnte. Er eröffnet den Götterkampf aufs neue. Die Götter sollen den ihnen jeweils Schutzbefohlenen zur Seite stehen
und einen Ausgleich der Kräfte auf dem Schlachtfeld schaffen.
Erst nach dem großen apokalyptischen Kampf der Götter und
der Elemente – nachdem sich, profan ausgedrückt, die Spannung entladen hat – hebt Zeus die Schicksalswaage, und die Bestimmung Hektors zu sterben vollzieht sich.

Die letzte Götterversammlung im 24. Gesang der *Ilias*
(22–142) wird schließlich dem maßlosen Zorn Achills ein Ende
setzen. Apollon holt durch seine Beschwerde über das un-
menschliche Verhalten Achills den Helden in gewisser Weise
wieder ‹auf den Boden der Zivilisation› zurück. Die Diskussion
der Götter gestaltet sich als moralischer Kommentar zur Episode vom Groll des Achill, also der Handlung der *Ilias* als gan-
zer; und hier tritt der Iliasdichter zum letzten Mal zusammen
mit den Göttern kommentierend hervor.

6.8 Götter und Helden: zur homerischen Psychologie

Mit dem Thema des homerischen *Götterapparats* ist eine weitere Frage verbunden, die die Homerinterpreten seit jeher bewegt hat: Gibt es in den homerischen Epen ein unabhängiges Handeln der Helden oder sind sie nur Marionetten der Götter? Die Handlungen beider Epen kann man, auch ohne die Götter zu berücksichtigen, folgerichtig nacherzählen, d. h. man kann die Heldenhandlung mit den Informationen, die der Dichter gibt, sozial, politisch und psychologisch aus sich heraus motivieren. Ähnlich kann man von den homerischen Helden sagen, daß ihr Handeln in *Ilias* und *Odyssee* psychologisch glaubwürdig motiviert ist, daß sie ihrer Situation, ihrer sozialen Stellung und ihrem typischen Charakter entsprechend handeln. Das läßt sich beispielsweise bei allen Handlungen der Penelope deutlich nachweisen (5.7), sie befindet sich in einer Ausnahmesituation und handelt als Frau – ihrer sozialen Position und ihrer außergewöhnlichen Klugheit entsprechend – angemessen.

Normalerweise können die Helden der homerischen Epen das göttliche Wirken nur unvollkommen wahrnehmen, denn sie können die Götter normalerweise nicht sehen oder hören. Wenn sie vom Wirken der Götter sprechen, dann sprechen sie von dem *daimon* (der unbestimmten Göttermacht). In entscheidenden Augenblicken aber werden sie von einem Sinn für das göttliche Geschehen berührt. Daß etwas Schicksalhaftes auf sie zukommt, ahnen beispielsweise die Helden auf dem Schlachtfeld vor Troia, die sich gerade noch dem Frieden nahe fühlten, im Moment der plötzlichen Ankunft der Göttin Athene unter ihnen: «*Sie sprang hinein in ihre Mitte. Und ein Staunen erfaßte alle, die es sahen: Die Troer, die pferdebändigenden, und die gutgeschienten Achäer. Und so redete mancher und sah den anderen neben sich an: ‹Gewiß wird da wieder schlimmer Krieg und schreckliches Getümmel sein! Oder setzt Freundschaft zwischen beiden Zeus, der den Menschen als Walter des Krieges bestellt ist?›*» (Il. 4. 79–84).

Ein solches ahnungsvolles oder ungläubiges Staunen, ein echtes religiöses Empfinden also, bewegt auch die großen Helden,

wenn sie einem Gott begegnen. Ihnen erscheinen die Götter in
bestimmten Situationen persönlich, meistens nehmen sie dafür
die Gestalt einer anderen dem Helden vertrauten Person an – so
etwa, wenn Athene dem Telemachos auf Ithaka zuerst in der
Gestalt des Händlers Mentes erscheint (Od. 1. 180). In Momen-
ten wichtiger Hilfeleistungen für den ihnen persönlich sehr nahestehenden Helden können sich die Götter aber auch in ihrer
eigenen Gestalt zeigen; auch dafür mag wiederum Athene als
Beispiel dienen, die sich dem auf Ithaka gelandeten und noch
völlig orientierungslosen Odysseus zwar zuerst (um ihn nicht zu
erschrecken) als junger Schafhirte nähert (Od. 13. 221 f.), sich
dem ungläubig Zweifelnden dann aber als Göttin offenbart
(287 ff.), um sein volles Vertrauen zu erlangen, ihm volle Einsicht in die vor ihm liegenden Dinge zu verschaffen und ihn
in ihren Plan zu seiner Rettung einweihen zu können. Bei solchen Begegnungen zwischen Mensch und Gott vollzieht sich
wie im vorliegenden Fall mit Odysseus ein innerer (seelischer)
Wandel: Er wird vom Orientierungslosen zum Sehenden und
Planenden. Die Helden geraten von einer schwierigen, gefühls-
bestimmten Seelenlage in eine ruhigere, vernünftige – und sie
erlangen Einsicht. Man nennt diese Kunst des homerischen
Dichters, den langsamen Wandel der Empfindungen und des damit einhergehenden Erkennens zu beschreiben, auch die Kunst
der homerischen Psychagogie (Seelenführung). In dieser Kunst
vereinen sich menschlich-religiöse Wahrnehmung – denn die
innere Wandlung und Eingebung wird von den Betroffenen oft
als etwas von einem Gott Bewirktes wahrgenommen – und die
Kenntnis vom inneren Ablauf menschlicher Bewußtseinsvor-
gänge.

Als besonders eindrucksvolles Beispiel einer solchen homerischen Seelenführung gilt die Begegnung des Gottes Hermes
mit dem Troerkönig Priamos im 24. Gesang der *Ilias*. Der Gott
gesellt sich auf Zeus' Befehl zu Priamos, der sich auf den gefähr-
lichen Weg ins Achäerlager aufmacht, um von Achill die Her-
ausgabe der Leiche seines Sohnes Hektor zu erbitten (Il. 24.
331 ff.). Beim ersten Erscheinen des Gottes fürchtet sich der
Greis *«und aufrecht standen ihm die Haare an den biegsamen*

Gliedern» (359), doch auf den zweiten Blick glaubt er, daß ihm der staunenswerte Ankömmling von einem fürsorglichen Gott geschickt wurde. Im folgenden Gespräch ‹von Mann zu Mann› flößt ihm der Gott Vertrauen ein und stellt sich als Gefolgsmann des Achill vor, der alle nötigen Informationen über Achill bereit-hält. Schließlich bietet sich der Gott als Geleiter in das Achäer-lager und zum Zelt Achills an. Nachdem er aber die Riegel des Lagertores für Priamos geöffnet und diesen ins Innere des La-gers gebracht hat, gibt er sich Priamos zu erkennen: «*Alter! wahrhaftig, ich, ein unsterblicher Gott bin gekommen: Her-meias, dem dir hat der Vater mich zum Geleiter gegeben. Doch wahrhaftig! Ich gehe wieder zurück und will nicht dem Achil-leus vor die Augen treten. Es wäre ja zu verargen, daß ein Gott so mit Sterblichen offen Freund ist. Du aber gehe hinein und fasse die Knie des Peleus-Sohnes und flehe ihn an bei dem Vater und der Mutter und seinem Kind, damit du ihm den Mut be-wegst*» (460–67). Mit dem göttlichen Rat versehen, betritt Pria-mos das Zelt seines ärgsten Feindes. Das Flehen des alten Man-nes aber verwandelt den Sinn Achills. Das Klagen erregt in ihm selbst den Sinn zur Klage um den eigenen Vater, der, so alt wie Priamos, bald auch den eigenen Sohn verlieren wird. Der Gott hat den alten Helden nicht nur durch ein in einem Krieg nahezu unmögliches Geschehen geleitet, er hat ihn auch mit der eigenen Kunst der Seelenführung begabt. Denn Priamos nähert sich dem Feind intuitiv in einer Weise, die diesen persönlich anrührt und eine Erinnerung weckt, die es ihm ermöglicht, dasselbe wie Pria-mos zu empfinden; die seelische Ausgangslage zur Versöhnung ist damit gegeben. Diese Versöhnung findet allein zwischen Achill und Priamos statt, der sich dabei vollziehende seelische Vorgang ist zwar durch den Gott initiiert, der Ablauf aber menschlich vollkommen nachvollziehbar. Als seelenlose Mario-netten des Gottes erscheinen die beiden Helden jedenfalls nicht.

Beim Vergleich mit anderen durch die Götter ausgelösten see-lischen Geschehnissen sieht man, daß die Götter der home-rischen Epen stets in hochdramatischen Augenblicken in einen Handlungsablauf eingreifen. Daher soll zum Schluß noch ein-mal der Blick zurück auf den Anfang des Geschehens der *Ilias* gerichtet werden. Athene erscheint für alle anderen unsichtbar in dem Moment in dem die *Episode vom Groll des Achill* ihren Ausgang nimmt, hinter dem Helden, der im Begriff ist, das Schwert gegen Agamemnon zu ziehen, dabei aber noch einen Moment zögert (Il. 1. 188 ff.). Da spricht die Göttin: «*Gekommen bin ich, Einhalt zu tun deinem Ungestüm, wenn du mir folgtest, herab vom Himmel, und mich schickt die Göttin, die weißarmige Here, die euch beide zugleich im Mute liebt und sich um euch sorgt. Doch auf! Laß ab vom Streit und ziehe nicht das Schwert mit der Hand! Aber freilich mit Worten halte ihm vor ...*» (207–11). Und Achill antwortet ihr: «*Not ist es, Göttin, euer beider Wort zu bewahren, ob man auch noch so sehr im Mute zürnt, denn so ist es besser. Wer den Göttern gehorcht, sehr hören sie auch auf diesen*» (216–8). Achill steckt das Schwert zurück. Athene hat ihm nebenbei die Idee dazu eingeflößt, wie er Agamemnon mit Hilfe des Zeus auf eine andere schreckliche Weise bestrafen kann ...

7. Epilog: Ist Homer noch zeitgemäß?

Homer war sicher nicht der erste große Ependichter; er steht vielmehr in einer Tradition mythologischer Kompositionen des Alten Orients, die erst die große Komposition der homerischen Epen möglich gemacht hat. Auf der Basis dieser Grundlagen haben die Dichter von *Ilias* und *Odyssee* jedoch Werke geschaffen, die über das Mythologische weit hinausreichen. Sie haben die Grundlagen der literarischen Darstellung menschlicher Wirklichkeit hervorgebracht und in diesem Sinne nicht nur den Gang der antiken, sondern auch der späteren abendländischen Literatur- und Geistesgeschichte wesentlich beeinflußt.

Die homerischen Epen wurden Ende des 17. und zu Beginn des 18. Jahrhunderts im Frankreich Ludwigs XIV. sehr kritisch diskutiert. In einem großen Streit der Antikenbewunderer mit den Verfechtern der Moderne wollte man wissen, ob die alten literarischen Werke für die Moderne überhaupt noch eine Bedeutung haben. Die Epen waren zu dieser Zeit erstmals aus dem griechischen Original ins Französische übersetzt worden und gerieten sogleich in ein Kreuzfeuer der Kritik. Nicht nur die Bewunderer Homers, sondern auch seine Kritiker entdeckten jene Wesenszüge, die die homerischen Epen zu Grundlagetexten der modernen Wahrnehmung vom Menschen prädestinierten. Anne Dacier, die *Ilias* und *Odyssee* in eine moderne Nationalsprache übersetzt hatte, gehörte zu den Bewunderern Homers. Sie hob besonders die Sensibilität hervor, die sie immer wieder in der Darstellung des Menschen durch den alten Dichter entdeckte – eine Sensibilität, die nicht zur Grausamkeit gewöhnlicher Kriegsdichtungen gehörte, sondern die sich wie die moderne Literatur auf individuelle Wahrnehmung und seelische Vorgänge bezog. Ein Beispiel schien ihr besonders modern zu sein: «*Und wie man es im Traum nicht vermag, einen Fliehenden einzuholen; weder kann der ihm entfliehen noch der ihn einholen:*

*So konnte der ihn nicht mit den Füßen erreichen und der ihm
nicht entkommen»* (Il. 22, 199 ff.; das Gleichnis bezieht sich auf
die Verfolgungsjagd zwischen Hektor und Achill).

Aber auch die Kritiker Homers machten erstaunliche Entdeckungen. Voltaire, der zu den schärfsten Verächtern Homers
und zu den bittersten Gegnern von Madame Dacier gehörte,
zählte den alten Dichter zu den Primitiven und fand besonders
die Bevormundung der Helden durch die Götter abstoßend.
Dennoch machte er gerade im Zusammenhang mit den Göttern
eine folgenreiche Entdeckung: Homer ist in der Lage, geschichtliche Handlung und das, was man gemeinhin *Schicksal* nennt,
genau zu beschreiben. Es entstehen, so Voltaire, aus jeder Handlung der *Ilias* Notwendigkeiten, die die folgenden Ereignisse bestimmen und am Ende zu einem folgerichtigen Handlungsbogen
führen. Voltaire spricht von einer *Ereigniskette*, dem komplexen
Ineinander von Handlungsgefügen, die sich nach dem Prinzip
des Zufalls entwickeln und dennoch zu einem Ende führen, das
man im Nachhinein verstehen und erklären kann. Von diesen
Strukturen gehen nicht nur auch die modernen Erzähler aus,
sondern ihnen folgen zudem die moderne Historiographie und
Handlungstheorie.

Rousseau wiederum hielt Voltaires Haltung gegenüber dem
alten Dichter für hochnäsig. Man könne bei Homer durchaus
keine primitiven Anfänge des modernen Menschen finden; vielmehr zeigten seine Helden die ganze natürliche Sensibilität, die
jedem unverbildeten Menschen eigne. In Rousseaus *Émile* spielen daher Odysseus und Telemachos eine große Rolle. Das aus
dem fühlenden Erkennen hervorgehende Denken und Planen,
das die Göttin Athene in diesem Epos ihren Schützlingen immer
wieder eingibt, gehört zu den Grundlagen der von Rousseau
propagierten Erziehung. Die Wirkungsmacht gerade des Odysseus auf die moderne Literatur ist kaum zu ermessen, denn keine
andere Heldenfigur repräsentiert die in den homerischen Epen
sowie in der späteren europäischen Kultur zentralen Begriffe der
Klugheit und der Kunst des Zweifelns, des Planens und des Vor-
teil bringenden Denkens – daran hat sich vom Zeitalter der Auf-
klärung bis heute nichts geändert.

Weiterführende Literatur

Lexika, Kommentare und Übersetzungen

Ackermann, H. C. (Hrsg.): Lexicon Iconographicum Mythologiae Graecae. Zürich/München. 1981 ff.

Buchholz, H.-G. (Hrsg.): Archaeologia Homerica: die Denkmäler und das frühgriechische Epos. Göttingen 1967 ff.

Heubeck, A. (Hrsg.): A Commentary on Homer's Odyssey. Oxford 1988 ff.

Homer, Ilias. Griechisch-deutsch von H. Rupé. München 1961.

Homer, Ilias. Übersetzt von R. Hampe. Stuttgart 1979.

Homer, Ilias. Übersetzt von W. Schadewaldt. Frankfurt 1975.

Homer, Odyssee. Griechisch-deutsch von A. Weiher. München 1955.

Homer, Odyssee. Übersetzt von R. Hampe. Stuttgart 1979.

Homer, Odyssee. Übersetzt von W. Schadewaldt. Hamburg 1958.

Kirk, G. S. (Hrsg.): The Iliad. A Commentary. Cambridge 1985 ff.

Latacz, J. (Hrsg.): Homers Ilias. Gesamtkommentar. München/Leipzig 2000 ff.

Lexikon des frühgriechischen Epos. Göttingen 1979 ff.

Morris, I. und B. Powell (Hrsg.): A new companion to Homer. Leiden/New York/Köln 1997

Monographien und Sammelbände

Andersen, O. und M. Dickie (Hrsg.): Homer's World. Fiction, tradition and reality. Athen 1995.

Boehringer, D.: Heroenkulte in Griechenland von der geometrischen zur klassischen Zeit. Berlin 2001.

Bremmer, J. N.: Götter, Mythen und Heiligtümer im antiken Griechenland. Darmstadt 1996.

Burgess, J. S.: The tradition of the Trojan War in Homer and the Epic Cycle. Baltimore 2001.

Burkert, W.: Die Griechen und der Orient. Von Homer bis zu den Magiern. München 2003.

Burkert, W.: Griechische Religion der archaischen und klassischen Epoche. Berlin u. a. 1977.

Carter, J. B. und S. P. Morris (Hrsg.): The Ages of Homer. A tribute to Emily Townsend Vermeule. Austin, Texas 1995.

Crieelaard, J. P. (Hrsg.): Homeric Questions. Essays in philology, ancient history and archaeology. Amsterdam 1995.

Dalley, S. (Hrsg.): Myths from Mesopotamia. Oxford 2000.

Erbse, H.: Untersuchungen zur Funktion der Götter im homerischen Epos. Berlin/New York 1986.

Fisher, N. und H. van Wees (Hrsg.): Archaic Greece. New approaches and new evidence. London 1998.

Fittschen, K.: Untersuchungen zum Beginn der Sagendarstellung bei den Griechen. Berlin 1969.

Graf, F.: Griechische Mythologie. München/Zürich 1987.

Griffin, J. G.: Homer on Life and Death. Oxford 1980.

Hertel, D.: Troia. München 2001.

Heubeck, A.: Die homerische Frage. Darmstadt 1974.

Heubeck, A.: Kleine Schriften zur griechischen Sprache und Literatur. Erlangen 1984.

Hölscher, U.: Das nächste Fremde. Von Texten der griechischen Frühzeit und ihrem Reflex in der Moderne. München 1994.

Hölscher, U.: Die Odyssee. Epos zwischen Märchen und Roman. 3. Aufl. München 1990.

Irmscher, J.: Götterzorn bei Homer. Leipzig 1950.

Kannicht, R.: Poetry and Art: Homer and the monuments afresh. In: Classical Antiquity 1 (1982) 70–86.

Jonker, Gerdien: The topography of remembrance. The dead, tradition and collective memory in Mesopotamia. Leiden u. a. 1995.

Kullmann, W.: Das Wirken der Götter in der Ilias. Berlin 1956.

Kullmann, W: Die Quellen der Ilias. Wiesbaden 1960.

Kullmann, W.: Homerische Motive. Stuttgart 1992.

Langdon, S. (Hrsg.): New Light on a Dark Age. Exploring the culture of Geometric Greece. Columbia, Missouri/London 1997.

Latacz, J.: Homer. Eine Einführung. München/Zürich 1985.

Latacz, J. (Hrsg.): Homer. Tradition und Neuerung. Darmstadt 1979.

Latacz, J. (Hrsg.): Zweihundert Jahre Homer-Forschung: Rückblick und Ausblick. Stuttgart/Leipzig 1991.

Luce, J. V.: Die Landschaften Homers. Stuttgart 2000.

Mann, Ch.: Athlet und Polis. Göttingen 2001.

Murray, O.: Das frühe Griechenland, München 1982.

Nagy, G.: Greek Mythology and Poetics. Ithaka, New York 1990.

Osborne, R.: Greece in the Making. London 1996.

Patzek, B.: Homer und Mykene. München 1992.

Patzer, H.: Die Formgesetze des homerischen Epos. Stuttgart 1996.

Raaflaub, K. A. und E. Müller-Luckner (Hrsg.): Anfänge politischen Denkens in der Antike. Die nahöstlichen Kulturen und die Griechen. München 1993.

Ridgway, D. u. a. (Hrsg.): Ancient Italy in its Mediterranean Setting. Studies in honour of Ellen MacNamara. London 2000.

Schadewaldt, W.: Von Homers Welt und Werk. 4. Aufl. Stuttgart 1995.

Schefold, K.: Götter- und Heldensagen der Griechen in der Früh- und Hocharchaischen Kunst. München 1993.

Snodgrass, A. M.: Homer and the Artists. Cambridge 1998.

Snodgrass, A. M.: The Dark Age of Greece. Edinburgh 1971.

Ulf, Ch.: Die homerische Gesellschaft. Materialen zur analytischen Beschreibung und historischen Lokalisierung. München 1990.

Ulf, Ch. (Hrsg.): Wege zur Genese griechischer Identität. Berlin 1996.

Ungern-Sternberg, J. v. und J. Reinau (Hrsg.): Vergangenheit in mündlicher Überlieferung. Stuttgart 1988.

Wees, H. van: Status Warriors. War, violence and society in Homer and history. Amsterdam 1992.

Welwei, K.-W.: Die griechische Frühzeit. München 2002.

Abbildungsnachweis

Abb. 1   Photo: Stefan von der Lahr, München.

Abb. 2, 3 Aus S. Hiller: Der Becher des Nestor. Antike Welt 7 (1976), S. 27.

Abb. 4   DAI Athen, Kerameikos 3420, Photo: Hermann Wagner.

Abb. 5   DAI Athen, Kerameikos 4288, Photo: Hermann Wagner.

Abb. 6   Aus J. Whitley: The Archaeology of Ancient Greece. Cambridge 2001, S. 95 (Zeichnung: British School at Athens).

Abb. 7   Aus F. Matz: Kreta und frühes Griechenland. Baden-Baden 1962, S. 63.

Abb. 8   Aus S. Marinatos: Der «Nestorbecher» aus dem IV. Schachtgrab von Mykene. In: Neue Beiträge zur klassischen Altertumswissenschaft. Festschrift für B. Schweitzer. Stuttgart 1954, S. 13.

Abb. 9   DAI Athen, NM 4151, Photo: Hermann Wagner.

Register
(homerische Figuren und Geographie)

C.H.BECK ◼ WISSEN

in der Beck'schen Reihe

Zuletzt erschienen: